东周战争 与
儒法国家 的诞生

赵鼎新 著

夏江旗 译

北京联合出版公司
Beijing United Publishing Co.,Ltd.

谨将此书献给母亲傅石榴并纪念先父赵仲辉

作者序

　　在上世纪七十年代中期，中国大地上上演了一场"批林批孔"的闹剧。在此期间，极左势力控制下的宣传机器开足马力把中国历史演绎成一部阶级斗争史，把所谓的儒、法斗争描述为中国阶级斗争的主要表现形式，并以此影射现实政治和扩大"文革"的打击面（即所谓"批林批孔批周公"）。"文革"期间，在"上山下乡"的大环境下我离开上海去宁夏。"批林批孔"运动开始时我在银川一家工厂当工人。该工厂主管宣传的干事是一个很能干的人。据说他是著名散文家秦牧的高足，"文革"中因受牵连而被下放到宁夏。"批林批孔"运动开始后，极左势力动员普通百姓在工厂甚至农村写各种批判文章，为运动造势。在此环境下，我所在厂的宣传干事牵头组织了一个由五个青年工人组成的学习和写作小组，我有幸忝列其中。

　　我们这代人成长于一个极其畸形的环境，在"批林批孔"运动之前我从未有机会接触过任何教科书以外的中国历史和哲学思想，而加入这一小组使我第一次有机会阅读荀子、韩非子、孟子和孔子等人的哲学著作和《盐铁论》《封建论》等历史名篇，以及郭沫若的《十批判书》、范文澜的《中国通史》和杨荣国的《中国古代思想史》等当代著述。虽然我当时的知识水平极低，所看过的一些当代著述的观点也十分偏颇，但即便如此，在读了一些原著和历史书籍后，直觉仍然告诉我，中国历代思想家不能简单地被归类为儒家或法家，中国的历史也不是什么儒、法斗争史，这就让我产生了困惑。在当时的环境下，任何思想上的困惑都是非常危险的事情。远的不说，我们的厂里就有一位青年工人因为在小组会批判刘少奇的《论共产党员的修养》时，仅仅说了一句"刘少奇说的都是一些大实话"而受到批判并被处以记过。这种环境下我唯一能做的就是沉默。结果，在参加学习小组近一年的时间里，我没有贡献过一行字。我的这种表现使我成了小组中的落后分子，特别是与我的一个好友相比——他在小组中脱颖而出，连续在当时国内各大报刊杂志上发表批判文章，笔锋犀利，所向披靡。在那位宣传干事眼里，我显然是一个不求上进的青年。我能看出他对我的失望，有时也为之惭愧不已。但是，这次学习小组的经历对我来说却很重要。它使我有机会接触到一些在当时本来是很难接触到的古籍，我对中国的历史，特别是对春秋战国时期历史的兴趣大大加深，并从此经常思索中国历史的种种特点及其解释。

"四人帮"倒台后中国社会走向改革开放之路。此间出现了"伤痕文学"、关于"实践是检验真理的唯一标准"的讨论、关于马克思主义人道主义的讨论，以及随后兴起的"文化热"（即把"文革"的悲剧归因于中国文化的专制性，从而展开对中国传统文化的鞭挞）。在这一波又一波的开放浪潮中有一本书特别引起我的注意，那就是金观涛和刘青峰所著的《兴盛与危机——论中国封建社会超稳定结构》。该书提出了帝制中国历史"超稳定结构"的理论，其核心观点是：帝制中国的各个朝代随着时间的推移都免不了出现官僚体系膨胀、专制腐败、土地兼并、恶霸横行等"无组织力量"的发展并最终导致王朝的垮台。但是，由于中国存在着儒生这样一个阶层，他们所持的儒家学说为建立新的国家结构起着理论指导作用，而儒生本身又是王朝重建的核心力量，所以帝制中国的新兴王朝总是旧日王朝的翻版。帝制中国"系统"这种强大的"修复性机制"使得它在朝代更替中永远停滞不前，即所谓的"超稳定结构"。因此，中国的专制体制得以延续，资本主义经济在中国顶多处于边缘状态，它们只是王朝崩溃之前出现的"假资本主义"。从现在的角度来看，这本书的局限性是很明显的。但是，它发表时正值中国知识分子开始对"文革"悲剧反思之际。当时中国的知识分子倾向于把"文革"的起源归因于中国"封建社会"遗留下来的专制文化。而金、刘两氏的著作则对中国的"封建社会"为什么那么长久这个问题做了回答。他们的著作在机械的历史唯物主义尚很盛行的当时，让人读起来有耳目一新之感。该书一经发表马上就引起了它应有的轰动，并对当时中国的社会思潮产生了很大的影响。正是在金观涛和刘青峰工作的刺激下，当时作为一名自然科学工作者的我却保留了对社会科学的兴趣，特别是对中国大历史的兴趣。就这样，在多年的治学生涯中，中国历史的特殊性以及这些特殊性得以形成的历史原因，总是作为一个重要问题悬在我的脑海中。

1990年我弃理从文转攻社会学。在此后的时间里，虽然研究的都是中国当代的社会问题，但我对历史社会学和历史学的兴趣始终浓厚。阅读了大量的历史社会学和历史学著作（特别是围绕为什么资本主义和民族国家率先在欧洲兴起这个问题所产生的种种分析和解释），阅读了许多西方学者对中国历史特别是春秋战国历史所做的分析。这些著作的质量有高有低，但是阅读大大开阔了我的眼界，进一步加深了我对中国历史的认识和兴趣。我对中国历史发展形态的解释也在这些阅读和思考中逐渐成型。

三年多前，在完成了一系列社会学领域的工作之后，为了给自己多年对历史的种种兴趣和思考有一个交代，我开始了一个以春秋战国史为核心的中国历史研究计划。在此工作展开一年后，我用英文写了一篇长文，表达我对中国历史的理解。当时写作此文的目的仅仅是为了给我的整个工作计划制定一个提纲——它既能整理我的思路，又能达到在朋友间传阅以征求意见的目的。在此文的传阅过程中，我的两位年轻朋友——林国基和林国荣——认为国外做学问周期太长，而本文具有一本小册子的篇幅且有很大的独立性，探讨的又是中国人所关心的问题，所以应该在国内先行发表，以飨读者。他俩为本书寻找了出版社和翻译，并且在翻译过程中多次敦促协调。没有他们的帮助和友谊，本书不可能问世，我在此向他们表示衷心的感谢。本书的翻译工作由上海社会科学院的夏江旗完成。江旗手头上有不少课题，翻译工作因而时断时续。但是为了翻译此书，江旗曾反复阅读《左传》和《史记》等古籍，对那段历史用心揣摩，在文字上也下了很大功夫，我在此对他谨表谢意。在本书写作的不同阶段中 William Parish、Edward Laumann、Andrew Abbott、冯仕政等人都提供了宝贵的意见和帮助，在此一并表示感谢。

　　本书缘起于一篇本来没想过要发表的文章或者说是一本书的写作提纲，因而不可避免地会存在一些缺点。比如，书中的理论尚未充分展开、许多概念的定义还不够精确；由于写作的初衷不是为了发表，所以书中许多资料和观点的征引比较粗略，考证和分析也有待加强；本书基本上没有涉及春秋战国时代的国际关系及其对当时历史发展的影响；本书对战国时期各国强大战争能力的经济基础的考证十分薄弱；本书对目前越来越多的考古资料尚很少运用；本书对汉朝以后的中国历史基本是一笔带过，各个朝代之间的巨大差异及其对后代的影响均在这三言两语中打发了。我最近几年的工作都旨在对本书中存在的这样那样的弱点加以弥补。不过，随着我最近工作的日益深入，早期的许多非根本性的观点也在不断得到纠正，但我目前的工作尚未对本书中的主要观点形成挑战。因此，我想借本书在国内的发表以抛砖引玉，希冀得到国内同仁的批评指正。

赵鼎新

2006 年 5 月于芝加哥大学

目 录

第一章

引论

与世界上的其他文明相比，在长达两千多年的帝制时代中，中国历史至少呈现出了如下七项主要政治特征：

其一，世界史上其他诸帝国一旦灭躄则不复重兴，唯帝制中国自公元前221年秦帝国建立迨至公元1911年辛亥革命爆发，其间虽历经数番朝代兴衰隆替，但一个相似的帝国政体却得以延运续祚、绵久不绝。

其二，早在秦朝统一前后，中国便出现了科层制政府并逐渐形成和完善了一套择优录用的科层选拔体制（meritocratically selected bureaucracy），远早于欧洲形成类似政制近两千年。[1]

其三，中国有世界几大文明中最为显著的强国家传统。

---

1 马克斯·韦伯（Max Weber, 1951：第61—62页）指出，中国战国时代与近代欧洲都存在着一个相似的"行政管理理性化"过程。他是最早指出这一点的学者之一。

其四，在古代世界的其他地方，军队将领一般拥有决定性的政治影响力，而在中国帝制时代的大部分时间里，军队由文官控制，除非内战乱世，武将一般没有干涉政事的能力。

其五，世界史上绝大多数帝国均凭借军事征服以实现领土扩张，而帝制中国的开疆拓土，特别是其在北方影响的扩展，常常是北方游牧民族入主中土之后自身汉化的结果（Creel，1970：第197页）。

其六，与其他世界文明体系相比，唯有在帝制中国，超验宗教未曾对政治发生重大影响，而政府又对各种信仰抱持较高的宽容态度。

其七，与欧洲不同，商人阶级在帝制中国的政治舞台上不具有重要的政治地位，即使在商业化和城市化水平臻至顶峰的北宋（960—1127年）时期，亦是如此。

为什么中华文明历史与其他文明，特别是西方文明相比会有上述诸多的不同？在这本小册子中，我将对帝制中国的以上七个政治特征做出一个统一的解释。

春秋战国时期（前770—前221年）至西汉前叶（前206—前140年）是中国历史模式形成的关键时期，帝制中国的上述特征，皆可于这一历史阶段察其端倪。因此，本书的另一主要目的便是对春秋战国时期的历史演变进程做出分析和解释。本书的中心论点是，春秋战国时代的封建制度导致了诸侯国之间频繁而输赢不定的局部性战争（frequent but inconclusive wars），正是在这类特殊类型的战争中所形成的竞争和冲突，促进了效率导向型的工具理性文化(efficiency-oriented instrumental culture)在军事、政治、经济和意识形态等领域的扩展，进而为春秋战国时代社会各领域的演变提供了根本动力。但是，由于当时中国社会所具有的特殊的（譬如，与古希腊和中世纪欧洲相比）结构性条件，这一推动社会演进的战争力量最终却为国家所驯服。进而，在秦朝（前221—前206年）统一中国后的八十年中，或者说，在西汉前叶，中国逐步转型为一个以儒士为主导的科层制帝国，而武官和商贾阶层则被推至社会权力格局的边缘。正如下文将要阐明的，中国帝制时代的上述七项特征皆与这种国家—社会关系的独特结晶形态密切相关。

必须说明的是，以上所总结的帝制中国政治的七项特征都已在不同程度上受到质疑。在后现代学术思潮的影响下，每天都有众多的、有时堪称怪异的研究项目和设想粉墨登场，而在如此纷繁芜杂的学术混战中出奇制胜的诀窍就是不断地"推陈出新"，推翻寻常老论调，开创学术新"边疆"，提出研究新视角。于是乎，当有人提出帝制时代中国城市的主要功能是政治中心时，便有人反驳说，中国城市的性质在帝制时代经历了巨大变化，尤其在帝制时代晚期出现了大量主要以经济功能为主的小型市镇；当有人立论说帝制时代中国的军人势力在政治上处于附属地位时，便有人拿出军阀乱政的史例来反对；当有人强调帝制中国的内敛性时，便有人举出帝制中国历史上对周边地区的征伐活动，特别是李唐（618—907 年）初年和朱明一朝（1368—1644 年）的例子。同样，以早先历史学家所总结出的帝制中国的其他某些政治特征为靶子，我们对帝制中国的历史也可以做出类似的批判，并拓展出相应的研究方向，在此就不再枚举了。但在这里，我只想强调一点，帝制中国在不同历史时期确实经历了不同程度的变化，在同一时期不同地域之间也确实存在着很大差异——对这些方面的研究自然是非常有意义的；但是，不管内部差异为何，倘将中国与其他文明，尤其是西方文明比较，中国帝制时代的上述七项特征均是能够成立的。诚然，帝制时代中国确曾有过军阀乱国甚至建立军阀政府的情况，但若与军人在罗马帝国中的地位和影响相比，中国帝制时代军队对政治的影响便立刻显得微不足道。尽管帝制时代尤其是中唐以后，中国城市的性质较先前发生了巨大变化，但与前现代西方的城市相比，中国的城市从未产生过能够平衡，甚至对抗国家权力的力量。本书所概括的关于帝制中国其他的几项特征都可以用同样的方法予以辩护和证明，此处不再赘述。要言之，关注帝制中国在不同时期、不同地域之间的差异，无疑能够为我们带来许多有意义的研究课题和洞见，但是，它们并不可能对本书所概括的中国历史的上述七个政治特征构成根本性的挑战。

　　当然，这七个特征都不是笔者的创见。自卡尔·马克思与马克斯·韦伯以降，中国历史的这些特征不但曾经被广泛接受，而且还在各种分析和研究中被当作事实依据而广泛使用（如：

Creel，1970；Eisenstadt，1986；Fairbank and Goldman，1998；
Hsu，1965；Huang，1997；McNeill，1982；Wittfogel，1957）。
在分析为什么中国不能产生近代欧洲式的"理性化过程"这一问题时，马克斯·韦伯（Max Weber，1951，1958）至少对上述七种历史特征中的四种做过详细的讨论：强国家传统、缺乏政治自治性的城市；儒家对各色宗教和崇拜的容忍、文官政府（及其与近代欧洲"行政管理理性化"现象的相似之处）。在对中国与欧洲的封建制做比较时，赫尔利·顾立雅（Creel,1970：第1—28页）曾总结出上述七个历史特征中的绝大部分内容。最近在其力作《政府史》中，芬纳（Finer，1997）几乎提到了上述帝制中国七个历史特征的全部内容。遗憾的是，顾立雅和芬纳均未对上述历史特征形成的原因这一根本问题给予应有的关注。如果套用最简单的因果关系逻辑来类比，本书与韦伯著作的不同之处可以这样来看待：韦伯在其工作中将上述历史模式视为"自变量"，并用它来解释为什么中国未能发展出"理性资本主义"，本书则将上述历史模式视为因变量，试图探明其得以发轫和形成的原因。

第二章
本书论点的进一步阐述

前述帝制中国的诸项特征皆发端于春秋战国时期。在该时期之初，中国依然处于上百个名义上归服周王的封建诸侯国的统治之下；到该时期末，中国则已发展成为一个大一统帝国，本书所关注的帝制中国的诸项特征也趋于形成。春秋战国时期，中国在哲学、经济、军事等领域都出现了一系列突破性的进展。

首先，战争的性质发生了根本性转变。从春秋到战国，小规模的局部性战争发展为有庞大军队参加的、持续数月乃至数年的、长距离作战的总体性战争，职业化军人和军事谋略家（诸子百家中的"兵家"）群体逐渐兴起，军事后勤及其他军事技术获得了长足改进。

其次，哲学领域出现了"百家争鸣"的局面，包括后世所说的儒家、法家、道家和墨家等各种思想流派竞相开出济世药方，小至家庭伦理，大至国家、社会制度，可谓包罗万象，中国文化的哲学和宗教基础亦由此奠定。

最后，经济领域也发生了深刻变动。铁器在农业生产中得到推广应用，土地私有化现象逐步扩展，农业生产率迅速提高，一批大都会相继出现，手工业和商业的重要性与日俱增。

众多学者（如 Creel，1970；Hsu，1965；Weber，1951）都注意到中国春秋战国时期和欧洲中世纪在社会演变上的许多相似性，但是在欧洲，相似的社会演变导致了工业资本主义、民族国家和代议制政府的产生，而中国在秦国一统天下之后至整个西汉时期，却逐步形成了一个政治权力与意识形态权力合二为一、军事权力为政治权力所驾驭、经济权力在社会政治生活中被边缘化的儒法国家。所谓政治权力与意识形态权力合一，意指政府与儒士之间紧密的相互依存关系：一方面，朝廷将儒家学说奉为官方正统的意识形态，且朝廷权力在一定程度上受到以儒士为主导的科层体制的监督和控制；另一方面，儒士群体不但给予帝制政权以鼎力支持，而且还经由种种择优录用的手段源源不断地为帝国科层体制输送管理人才。所谓儒法国家，这里指的是在西汉时期逐渐形成的一种以帝国儒学思想（imperial Confucianism）作为官方统治意识形态和合法性基础，同时运用法家手段对国家进行实质性管理的国家模式。[1] 帝制中国的前述诸项特征，均与迈克

---

1 本书中提出了帝制中国在西汉时期（前206—公元8年）就已形成一种政治权力与意识形态权力合一体制的观点。这一观点在很大程度上得益于霍尔（Hall，1986）在其力作《权力与自由》中对资本主义为什么只兴起于西方而不是其他文明所做的精彩分析。

尔·曼（Mann，1986，1993）提出的社会权力的四大来源——意识形态、军事、政治和经济——之间的独特组合有着不同程度的关联。总之，可以说春秋战国时代的社会发展为日后中国政治史的演变规定了方向。

迈克尔·曼（Mann，1986：第5章）认为，一个帝国欲维持自身的生存，必须从其臣民那里取得强制性合作（compulsory cooperation）。在他所论及的五种强制性合作中，最为精妙高明但又很少有哪个世界性大帝国在其统治实践中能够做到的，是所谓的"强制性普及（coerced diffusion)"，意即同质性的生活方式和文化在帝国疆域内的精英层面上得以普及（所谓"率土之滨，万里同风；国域之内，万民同俗"）。在曼的论述中，罗马帝国是达到了这一层次的。事实上，儒法国家形成后的帝制中国在"强制性普及"这一问题上达到了比罗马帝国更高的层次：在中国，君主与儒士之间形成的共生共存关系不但普及了精英层面上的文化和生活方式，而且使中国的政治精英在意识形态层面上达成了很高的共识。在资本主义和民族国家兴起之前，帝制中国的政治形态实际上是世界帝国发展过程中出现的最为成熟的一种帝国形态，原因就在这里。

意识形态权力与政治权力的合一同时促成了帝制中国的以下特征：首先，大大增强了帝制中国政体的稳定性，使一个大体相似的帝国秩序在中国这块土地上得以绵延两千多年之久。这不能不说是一个十分独特的现象。个中道理非常简单：只要没有其他意识形态能代替儒家学说并与政治权力结合，形成合二为一的社会结构，后来的任何一位帝国统治者，不论是中土之汉家，还是入主之外族，总会出于统治的稳定性的需要而将帝国儒学捧为统治意识形态，并寻求取得儒士群体的合作。即使是帝制中国历史上几个最为内外交困的时期，亦莫能例外。这也正是游牧民族入主中土之后，为什么往往会主动接受儒家主张的政治制度、信奉中国文化的原因。满族人在入关称主之后，主动接受了中国的儒法合一的政治制度，而蒙古人则拒绝了这种全面接受中国政治制度的做法；因此，尽管武力强悍，但蒙古人建立的元朝（1279—1368 年）其寿命却远远短于满族人建立的清朝（1636—1911 年）。[1] 这一现象也表明，在古代中国的精英阶层人士内心深处普遍存在着一种可称为"文化主义"的情感——在这种情感中，根本性认同感的基础是文化归属，而不是种族特征（Creel，1970：第 197 页；Huang，1997；Levenson，1965）。[2]

　　这种政治权力与意识形态权力合二为一的政治制度还带来了许多其他后果。比如，在国家与儒士结成联盟之后，帝制中国的

1　换言之，当西欧得益于地形上茂密森林的阻隔和湿润的气候而避免了游牧民族的入侵时，中国却通过游牧民族的主动汉化而化解了这一问题。本书最后一部分对此有更为详细的讨论。

2　这正是中国现代民族主义的发展并未遵循所谓民族主义发展的一般模式的原因。该模式认为，随着民族主义从西方向东方的传播，种族型民族主义（ethnic nationalism）将逐渐取代公民型民族主义（civic nationalism）（Deutsch，1966；Gellner，1983）。但作为一个东方国家，不论是在国民党还是在共产党的统治之下，中国的主流民族主义思想都更多地表现为公民民族主义而非种族民族主义。

政府实际上历来是由文官支配的，除非打仗，军事将领在这一政治格局中几乎没有什么合法性位置。一名军队将领即使叛乱成功，但要想维持自己的权力，他就不得不同儒士群体建立起紧密的联盟，重新组织和启动一班文官政府，而在新建立的政治架构中，军队将领仍然空无实权。进而言之，任何军事将领一旦夺权篡位、黄袍加身，都会从自己的发迹史中汲取教训，运用更为精明的手腕控制军队。结果，自汉代以降的绝大部分时间里，军事力量在政治上一直处于边缘化的位置；随着时间的推移，尤其在宋代以后，军人权力再也没有对中国的文官政府构成过巨大威胁。

在西汉时期成形的帝国儒学本质上是一套此世性的道德规范，而不是一种超验性的宗教。然而，帝国儒学不仅为国家的合法性提供了基础，而且是调节所有中国人日常生活和社会关系的一套伦理规则。因此，就其在社会中所发挥的功能而言，它在许多方面与犹太教、基督教、伊斯兰教、印度教以及佛教有很多的相似之处。唯一重大的区别在于，中国的儒士"牧师"和政府官员一身而二任。由于儒学中的许多礼仪性行为（特别是其以祖先崇拜为中心而展开的礼仪体系）在很大程度上满足了中国人的宗教需要，其他宗教在中国人的生活中很难占据主流地位。尤为重要的是，由于儒教与国家之间存在着紧密的相互依存关系，其他的超验性宗教便无法渗透进政治领域，因而一直只能在中国政治的边缘位置徘徊。相应地，只要这些宗教不成为或不被怀疑成可能煽动农民叛乱的工具，帝国政府自然会对社会上多种宗教共存的状态抱持相当宽容的态度。

　　政治权力与意识形态权力合一也导致了经济权力的边缘化。但这并不意味着中国历史上从未出现过巨商大贾。毋宁说，栖身于儒法政体之中，中国的商人阶级既无维护自身利益的权力基础（像中世纪欧洲那些自治性商业城市中商人所做的那样），亦无明确表达和捍卫自身权利的意识形态依据。结果是，中国的商人总是设法在儒法政体的框架之内通过个人性的活动来争取自身的权力，而这种个人性的行为和策略最终只能进一步巩固国家的权力。如果不能形成一种组织化的政治力量示诸世人，商业活动一旦被视为妨害社会的因素，就会被儒法国家轻而易举地压制下去。在帝制时代晚期，中国的市场经济获得了高度发展，但即使在这一时期，我们发现同一历史模式在中国依然得以延续：在每个朝代之初，国家的权力往往非常强势和高效，此时市场经济通常受到抑制；而在国家力量严重衰弱时，市场经济就会迅猛抬头。但另一方面，国家力量的衰微却会导致变乱蜂起和（或）游牧民族入侵，王朝因此走向覆灭。在这样一种朝代兴替的过程中，市场经济的发展也会遭到很大的破坏。这种循环性规律极大地阻碍了中国帝制时代晚期经济权力的持续发展。

第三章
相关研究回顾

　　尽管尚未有人试图对本书中所提出的帝制中国政治体制的七个特征形成的历史做出一个整体性的解释，但分析或阐述春秋战国时代社会演变的某个侧面及其对中国历史影响的各种理论早已层出不穷。为了解释春秋战国时代农业生产力的提高、铁器在农业生产中的推广应用，特别是土地私有化的产生等问题，中国正统的马克思主义历史学家通常将春秋战国时代视为一个从奴隶社会迈向封建社会的过渡时期（郭沫若，1982 ；翦伯赞，1979 ；吕振羽，2001 ；周谷城，1999）。然而，在解释帝制中国强大的皇权和专制性质时，苏联、中国、日本和美国的马克思主义学者均将其归因于马克思（Marx，1985 ：第 390 页）所说的"亚细亚生产方式"[1]。例如，魏特夫（Wittfogel，1957）在其《东方专制

---

[1]　请参考中国马克思主义历史学家吕振羽先生（2001）对马克思主义学者围绕亚细亚生产方式及现代中国问题的论战所做的出色评论。

主义》一书中，就将专制性的秦帝国的兴起连同整部帝制中国史，统统归因于大型农业水利灌溉工程在中国农业生产中的重要性。借用马克思的观点，魏特夫认为，要兴建、管理和维护对于中国农业生产而言不可或缺的水利工程，必然需要一个有效率的、集权的政府来实施。而政府的这种功能，反过来又促进了强大的专制政府的形成与延续。

　　非马克思主义的学者对春秋战国时代的历史演变及其后果的理解，却大相径庭。效法韦伯对现代性起源的分析，许倬云（Hsu，1965）将春秋战国时代的社会变迁描述为以下三个方面的转型：社会关系由共同体型向社团型转型；社会权威由传统型向法理型转型；社会流动的准则从对先天禀赋性因素（出身）的强调转向对后天成就性因素（个人能力）的强调。许倬云还认为，在春秋战国时代末期，随着商业与城市的繁荣，契约性与商业性关系成为人们社会生活中的主要关系。与许倬云不同，黄仁宇（Huang，1997：第34页）并未对该时期大规模的理性化进程予以强调，相反，他将在中国形成的从知识精英中察举铨选文官的政治形态表述为"政治早熟"（与韦伯的"行政管理理性化"观点相似）。最近，凯瑟和蔡泳（Kiser and Cai，2003）探讨了帝制中国早期政府的科层化进程，并将其归结为春秋战国时代战争频仍的产物。其逻辑是，春秋战国时代数百年间众多旷日持久的大规模战争，促进了交通网络的发展，培养了大量训练有素、纪律严明的专业化人员，并削弱了贵族阶层的力量，这些因素促进了科层制政府在古代中国的形成。此外，许田波（Hui，2001）分别考察了中国春秋战国时代和欧洲近代初期宪政萌芽的出现，她认为其间的差别在于，"在近代初期的欧洲，新生的宪政权利获得了制度化；而在古代中国，它们却最终胎死腹中"。换句话说，许田波强调古代中国国家—社会关系在这一时期发生了一个重大变动：从早先国家与社会之间在力量上的平衡状态转变为国家力量的一元独大。

对于帝制中国政体的高度稳定性的解释，在众多学者中，费正清（Fairbank，1992）采用了"朝代循环"的概念，而金观涛（1985）则提出了"超稳定结构"的观点。尽管他们的解释各有侧重，但两者一致认为，帝国体制得以一脉相承的原因在于中国存在着具有支配性地位的帝国儒学，以及能够直接为国家提供统治性意识形态和治国人才的儒家知识分子阶层。由于多种原因，这种帝国政体将会经历周期性的衰败，继而引发农民起义和（或）游牧民族入侵。然而，在起义军或游牧民族颠覆旧的王朝之后，他们仍然需要将儒学奉为统治意识形态，继续依靠儒士来治理新的王朝，由此开始了又一轮的循环。[1]

上述一系列观点强调的是帝制中国政治体系的抗变能力或稳定性，而另外一些学者却强调帝制中国在悠久历史中的变化和更新。比如，根据诸如城市化与商业化水平、人均卡路里

---

1 另参考列文森（Levenson，1965）对此进行的类似分析。

摄入量、技术的成熟水平等等指标，有些学者认为，直到近代，中国一直领先于，或至少与同时期的欧洲处于同等发展水平（有些学者甚至认为，直到 19 世纪中叶欧洲的发展水平也没有超过中国）。因此，他们并不认为帝制中国的政治体制是导致中国发展停滞的首要原因。相反，他们从同时期中国与欧洲所面临的不同人口压力或欧洲在一些关键性技术上的突破等原因中寻找资本主义在欧洲率先形成的关键因素（Elvin，1973；Pomerantz，2000）。

上述几种理论和解释虽然富有洞见，但均有各自的问题。为了将中国历史套进教条化的马克思主义历史理论模式，中国的马克思主义历史学家将秦国一统天下之后所建立的农业帝国体制曲解为封建制度。根据目前已有的史料来看，我们根本无法确定春秋战国时代前后的中国是否存在过以奴隶经济为基础的奴隶制社会。再来看魏特夫的理论模型。不难发现，他的解释是缺少历史事实根据的。首先，小型的农业水利工程并不需要一个强大的国家去修建和维持。关于大型农业水利工程，正如本书在以后的一个章节将要更为细致地指出的，在春秋战国时代晚期它们才开始普遍出现，而当时政府的集权化步伐已经一路高歌猛进。因此，与其说农业灌溉系统的兴修是强势政府的原因，不如说是其结果。其次，尽管帝制中国的国家历来就具有强势性和集权性，但整个中国历史上很少有真正专制型的王朝帝国出现，即使偶有出现 [比如秦朝和隋朝（581—618 年）]，也都非常短命。[1]

对许倬云关于春秋战国时代的韦伯式解释，笔者的保留意见是，尽管他很好地概括了该时期历史发展大部分领域中的基本演变趋势，却失察于该时期国家—社会关系的重大转变（Hui，2001），而正是这一转变，为国家权力在与军事、意识形态和经济权力的竞争中脱颖而出提供了条件。因此，虽然在某种意义上讲，该时期中国的所有生活领域的确都出现了一个"理性化进程"，但最终仅有政治领域的理性化取得了压倒性的优势和成功，这就是黄仁宇（Huang，1997）所说的"政治早熟"。但是，许和黄两人均未能对他们所观察到的春秋战国时代国家—社会关系的转变或者说政治权力在这一时期不同寻常的发展给出解释。

说到费正清和金观涛对于帝制中国秩序何以持久绵长的解释，笔者同意他们对帝国儒学与儒士群体在其中所发挥作用的分析。但他们没有解释我们更关心的，同时也是更重要的一系列问题：是什么因素导致了儒学和儒士群体的产生和扩大？为什么被后世称为儒学的哲学思想在其形成近四百年后才开始在中国占

1　许多汉学家均将中国帝制统治总体上表现出的温和与仁政的特征归因于作为帝国统治的意识形态基础的"天命"观念（Creel，1970：第3章；Dubs，1938—1955：第103页）。他们的逻辑是，尽管这一意识形态给予统治者以合法性，但同时意味着，如果帝国的统治者不能克尽其职，"上天"将会撤消其"替天行道"的权力。"天命"观念使得人民可以根据政府执政的表现来判定它的合法性。当人民生活不下去时，这一观念就会激发起农民起义，并敦使统治者谨慎地按照儒家认可的规范与习俗行事。另请参考下文对"天命"观念更加详细的讨论。

据了统治地位？以及，为什么在汉武帝（前141—前87年在位）时帝国儒学被奉为经典后，中国所形成的国家状态是所谓的儒法国家（其含义在本书后面章节的讨论中会逐渐清楚）而不是简单的儒学国家呢？为了对这些问题有所理解，我们需要对春秋战国时代的历史发展做出解释。在该时期留给后世的遗产中，郡县制度和择优录用的文官体系的形成限制了军事权力的扩展，法家学说的兴起强化了政府的权力，国家的重农主义政策限制了经济权力的增长。最终，在秦朝统一中国大约八十年之后或者说距孔子时代近四百年之后，汉武帝将在当时已被改造和教规化了的儒家教义（即帝国儒教）尊崇为国家的意识形态。从此之后，中国历史的绝大部分时间便处于由儒士组成的科层制政府的管理之下。也正是从这时开始，费正清的"朝代循环"概念和金观涛的"超稳定结构"观点才具有一定的解释力。

有学者认为，中国古代社会并未陷入循环性的停滞，中国之所以没有率先发展出工业资本主义，其原因在于中国帝制时代晚期中西社会之间存在的一些较为次要的差异。对此，笔者愿意指出，自所谓的"轴心时代"以来，即在世界几大文明都先后创造出将彼岸世界与世俗秩序联结起来的不同的系统化概念体系后（Eisenstadt，1986；Jaspers，1953；Mann，1986：第11章），虽然旧大陆各大文明之间有着通过人口迁移、战争和商业而建立起来的时断时续的联系，但直到工业资本主义出现之前，这些文明（包括中国文明在内）都是沿着自己的路径在发展的（Hall，1986）。换言之，不管帝制中国在诸如人口数量、城市化与商业化水平、人均卡路里摄入量、技术的成熟水平等指标上的实际状况如何，这些指标也只能用来测量西方资本主义的形成和发展，而根本不能用来证明中国具有工业资本主义内生性发展的可能性。即使明、清时期中国没有出现艾尔闻（Elvin，1973）所说的人口爆炸，即使中国在宋朝以后特别是在晚清时期某些地区的商业比彭慕兰（Pomerantz，2000）书中所描述的还要发达，中国在近代也没有自发地产生工业资本主义的可能性。从春秋战国时代以降到西方崛起之前，中国历史有着与西方截然不同的发展轨迹，民族国家、工业资本主义和代议制政府是欧洲历史发展的"意外"产物。这也是笔者在本书中所要努力论述的中心观点。

现有的对中国历史模式的各种解释中，凯瑟和蔡泳（Kiser and Cai，2003）的观点与笔者较为接近，因为，正如读者马上就要读到的，我们都把战争确定为塑造春秋战国历史模式的关键因素。但是，凯瑟和蔡泳的文章仅限于解释为什么科层制在春秋战国时代的中国得以兴起，而我所关心的则是当时社会中存在的普遍的理性化现象以及伴随这一现象而来的帝制中国的许多政治特征（其中包括科层制国家）的形成。此外，凯瑟和蔡泳的文章存在两个重大缺陷：第一，他们认为科层制度在春秋战国时代的兴起源自该时期频繁的、大规模的（以一次战争中人员伤亡的数量作为指标）和长时间的战争。事实上，在整个春秋时期，几乎所有的战争都是短暂的和小规模的；即使在战国时期，大规模的战争也直到公元前 405 年以后才开始频繁出现。有史记载的发生于战国时期的 20 次伤亡人数超过两万人的战争中，有 15 次发生在公元前 317 年至公元前 256 年这六十一年间，而从公元前 770 年到公元前 350 年之间，中国业已经历两波政治制度科层化过程。第一次发生于公元前 7 世纪，第二次大致在公元前 450 年到公元前 350 年之间。鉴于这两波政治制度科层化过程均早于大规模战争开始频繁出现的时间，因此，长时间的、大规模战争更像是政治制度科层化带来的产物而非其得以发生的原因（Zhao，2004）。

第二，凯瑟和蔡泳认为春秋战国时代的战争削弱了贵族阶级的力量，从而促进了科层制的兴起。但是，正如本书将要揭示的，在许多国家中，春秋战国早期的战争事实上往往是增强而不是削弱了一个国家中贵族阶层的力量（比如晋国的情形就是如此）。而且，前述第二波政治制度科层化过程就是在公元前 453 年前后（即"三家分晋"前后），由晋国最有势力的几家贵族启动的。因此，可以说，恰恰是贵族力量的坐大而非衰落才引发了春秋战国时期政治制度科层化的第二次浪潮。

凯瑟和蔡泳的论述明显地违背了一些重大的历史事实。但其错误的源头却不仅仅在于他们对这段中国历史缺乏深刻的了解，而是同时也有其认识论上的原因。其一，凯瑟和蔡泳只是想对中国古代早期的政治制度科层化过程做出解释，而本书除此之外，还要解释中国历史所特有的其他六项政治特征。不难理解，所要解释的事物的范围愈狭窄，将经验上不相干的机制引入解释的可能性就愈大。

其二，在凯瑟和蔡泳的论述中，将春秋战国时代的战争与科层制国家的形成联结起来的因果机制过于特殊。解释学的一项基本原则是，充当解释的机制越是特殊，其解释力就越有可能受到某些特定历史条件的限制。战争在某些历史条件下能够促进科层制国家的形成，但在另外一些历史条件下却会增强贵族的力量。换言之，战争与科层制的兴起之间并不存在简单的一一对应关系，战争也不是促进科层制国家形成的唯一动力。[1] 因此，在马克斯·韦伯的启发下，本书在研究战争对社会发展的影响时，将一直追溯到一个更为根本的机制——战争驱动型理性化（war-driven rationalization），即反复发生的非毁灭性战争将迫使参战各方采取富有效率的行动以赢得战争。至于这种理性化进程将会以何种方式固定下来，则取决于该社会中其他各种结构性与文化性条件的相互影响。战争和国家发展之间的关系是双向互动的、动态的，而不是单向的和静态的。

1　比如，欧洲中世纪的骑士战争就增强了贵族阶级的力量（Howard，1976）。珥特曼（Ertman，1997）的研究表明，在 1450 年之前，欧洲的战争反而促进了封建制度的发展。事实上，战争在人类历史上时有发生，但只有某些时期的战争才促发了科层制的产生。

第四章

本书的理论及其渊源

在春秋战国时代的不同演变阶段，从长江到黄河流域之间的这一大片土地上，大致存在着四到七个实力不等的强国以及一些军事实力较次的国家；并且，在这一时代的大多数时间里，总有若干个国家的军事实力比较接近。这些国家经历了长达五百多年的混战，直至秦国统一中国。本书强调，春秋战国时诸侯国之间频繁爆发的战争是型塑春秋战国时代历史发展的最为重要的因素。笔者对春秋战国史的解释包括两个总体性的机制。第一个涉及诸侯国之间反复发生的非摧毁性的战争。这种独特的战争驱动型冲突（war-driven conflict）催生了效率导向型行为的快速发展，并很快累积成宏观水平上的社会演变。[1] 第二个是社会中的权力

---

[1] 据笔者对《左传》《史记》及其他古代史书记载所做的统计，这一时期有记录的战争共 866 次。一些中国研究专家也注意到战争在春秋战国时代社会变迁中的重要性（Creel, 1970：第 10 章；Hsu, 1965；Lewis, 1990）。例如，利维斯（转下页）

结构模式，亦即一个封建国家与各种社会力量，特别是军事、意识形态和经济力量之间的关系。不同的权力结构模式将会给战争驱动型社会变迁（war-driven social changes）带来不同的结果。

总的来讲，笔者的论点是：春秋战国时代的封建制度导致了诸侯列国之间频繁的局部性非摧毁性战争；这些战争驱动型冲突刺激了该时期各个社会领域的发展。然而，由于该时期中国社会的其他社会力量发展薄弱，社会的多元化程度很低（比如与封建时期的欧洲和古希腊相比[1]），由战争而催生的军事权力、意识形

（接上页）对春秋战国时代军事领域的变化做了精彩的描述。与之相比，本研究有两点不同：第一，利维斯的研究是描述性的，而本研究是分析性的。第二，也是更为重要的，利维斯感兴趣的是春秋战国时代的战争礼仪及其变化，而笔者关心的则是战争对该阶段中国历史所施加的影响。

1 中、西之间在这方面的差别是显而易见的。在欧洲，国家、教会、城市以及贵族阶级之间的力量平衡最终阻止了专制国家的形成，并为资本主义、自由主义以及民主政治的兴起铺平了道路。相反，在中国却不存在这样的一种社会权力多元化格局，以便阻止国家力量在战争政治中不断崛起。

为了将本书的论点置于一个更加宽广的背景中去，笔者将经常拿中国春秋战国时代的历史与欧洲第二个公元千年（1000—2000 年）的历史进行对比。但这绝不意味着两段历史之间存在着严格意义上的平行性质。比如，即使两者确实存在相似的社会与政治条件，笔者也不认为春秋战国时代的中国能够发展出工业资本主义。春秋战国时代的中国既没有古希腊式的科学传统又没有某些对工业资本主义发展来说是关键性的技术突破（诸如造纸术、火药和活字印刷术之类的发明），而这些均是工业资本主义产生的重要条件。当然，笔者还想予以强调的是，中国要是在春秋战国时代就具备了与第二个公元千年时期的欧洲相似的社会—政治条件，那么，该时期战争驱动型的社会发展肯定不会导致国家力量一元独大的局面。

此外，本书关于中国春秋战国时代与前现代欧洲之间的对比分析，主要是拿西欧与中国进行对比。当然，如果将某些中欧国家——比如德国前现代时期的政治发展就表现出若干与中国春秋战国时代的相似之处——考虑进来，（转下页）

态权力和经济权力的发展最终均为国家所控制；国家权力的一元独大为儒法国家（Confucianism-legalist state）的形成开辟了道路，并限定了日后两千年中国历史发展的方向。

　　所谓效率导向型行为（efficiency-driven behavior），是指人们行事方式的依据是对利害得失的理性计算而非当下的社会常规。这个概念与马克斯·韦伯提出的工具理性（instrumental rationality）概念有很大的相似之处，所以在本书中这两个概念将会经常交替使用。笔者之所以不愿将本书单单锚定在韦伯式的理性化概念身上，是为了避免这个概念所沾染的线性进化论嫌疑。实际上，从全人类的长时段生存能力的角度来看，效率导向型行为未必比社会常规行为更合理。在本书中，所谓累积性发展（cumulative development），是指一个社会中的社会力量在量上乃至在质上的快速扩张，其表现可以是一个社会的组织能力的提高、概念表达能力的增强以及对自然的开发和掠夺能力的提高。与累积性社会（cumulative society）相对的是守成性社会（maintenance-oriented society）。累积性社会要求的是"对世界的理性化控制"，而守成性社会所要求的仅仅是"对世界的理性

　　（接上页）也不会使我们的对比分析失效。倘若将第二个公元千年时期的西欧和中欧看作一个处于交战状态的"国际体系"单元，立刻就会清楚地发现，正是西欧某些国家的发展限定了整个欧洲的发展模式，并牵引着中欧和其他一些西欧国家紧随而动。春秋战国时代也上演了类似的故事情节，在该时期绝大部分时间里，齐、晋、楚、秦等国的发展确定了当时的游戏规则，并迫使其他国家竞相跟进。

化适应"（Weber，1951：第 248 页）。在守成性社会中，人们活
动的主要目的是维持而非改变既有的社会秩序与权力关系结构，
就此而言，绝大多数传统社会都更多地是一个守成性社会而非累
积性社会。在对累积性社会与守成性社会做出区分之后，我必须
强调的是，这些概念都只是理想类型；在真实世界中，这两种社
会之间的不同只是程度不同的量的差异而已。自从人类进入文明
时代以来，任何人类社会的发展或多或少都是累积性的。但是话
又说回来，在现代资本主义的扩张几近失控的事实面前，无人能
够否认某些社会形态的累积性发展速度远远快于其他一些形态的
社会。

　　本书论点的出发点是：在工业资本主义和发展中民族国家出
现之前，传统经济对社会生活的影响鲜能超出一个较小的范围。
并且，所有的传统政府一旦稳固下来便表现出守成的特征。[1] 在
这些传统型社会中，战争可能是推动国家追求效率的唯一重要的
动力，因为，没有哪个国家能够经受得住一而再、再而三的战败。
为了赢得战争，一个国家不得不采取如下措施，但绝不限于这些
措施：扩充军队；改良武器和军事后勤能力；增加社会财富和提

1　例如，麦克尼尔（McNeill，1982：第 22—23 页）认为，在古代社会中操控政治
　　是维持个人和家庭财富的最佳手段，同时国家的统治精英对商人和市场中的买卖
　　者抱持整体上的怀疑与鄙视态度，……这就是为什么商业和市场调节性行为虽然
　　很早就在人类文明中出现，但直到公元 1000 年之前它们仍然在社会中处于边缘化
　　的从属地位的原因。……当人类活动在某一时期发生巨大变化时，这些变化往往
　　是对某位统治者的指令和行为的反应，而不是供求与买卖关系变动的结果。

高税收能力。上述措施及其附带后果都为社会生活其他领域中迅速的累积性发展提供了条件。[1]

当然，在这里我必须再三强调的是：并非所有类型的战争都会促使一个国家去寻求变化。举个极端的例子，如果某个国家在战争中被一次性地彻底毁灭，这个国家就不会有从战败中吸取教训以调整自身的机会。对于这种国家来说，战争并不会促进上述诸种形式的社会变迁（成吉思汗时代蒙古人在欧亚大陆的扩张在性质上就与此类似）。换句话说，国家之间的战争愈是频繁且不具有彻底的摧毁性，那么战争就愈能有效地激发参战国家寻求变化以便在军事竞争中取胜。在封建制度下，国家众多，战争频繁，各国军事能力相对微弱且往往势均力敌，因此在古代社会中，封建国家之间的战争在性质上与上述效果最为接近。事实上，战争极大地推动了第二个公元千年期间的欧洲和春秋战国时代中国的社会变迁。然而，由于这两个地区国家权力与各类社会权力之间的耦合方式迥然不同，因此，由战争驱动的效率导向型发展在欧洲最终导致了工业资本主义、民族国家和代议制政府的形成（例见，Barbera，1998；Downing，1992；Hale，1998；Levi，1988；McNeill，1982；Tilly，1992），相似的历史进程在中国

---

1 人口密度或人口结构上的变化同样会给人类社会的发展带来极为重要的影响（Bosrup，1981；Goldstone，1991；McNeill，1977）。然而，只要不能导致本书所提到的那种特殊的冲突／竞争性结构的形成，人口上的变化就不可能带来迅速的效率导向型的社会发展。

却以秦帝国的大一统和国家力量的一元独大而告终。

对工业资本主义、民族国家和代议制政府在欧洲的兴起等历史事实，学者们做了形形色色的解释（譬如：Anderson，1974；Ertman，1997；Elias，1994；Gorski，2003；Hall，1986；Moore，1966；Poggi，1990；Rokkan，1975；Tilly，1975；Wallerstein，1979）。应该说他们的分析各有洞见，但笔者在此只想简要讨论一下那些强调和分析战争在"欧洲奇迹"中的作用的著作，因为这些著作所持的观点与笔者对春秋战国时代历史的理解有着较为密切的关系。笔者选出以下六位优秀学者的观点予以讨论：查尔斯·梯利、布里安·唐宁、托马斯·珥特曼、塞缪尔·E. 芬纳、威廉·麦克尼尔和迈克尔·曼。梯利（Tilly，1992）想解释的是在前现代欧洲的历史发展过程中欧洲霸主国家的更替规律，以及为什么所有欧洲国家最终都转而发展成了现代民族国家。他的一个重要解释工具就是欧洲史上战争性质的变化。他的中心论点是：在第二个公元千年期间，欧洲战争的发展经历了封建世仇性战争（patrimonial warfare）、雇佣军战争（mercenary warfare）和民族化战争（nationalized warfare）这么三个主要阶段。早先的封建世仇性战争对疆域较大的国家有利，而盛行于1400 年到1700 年之间的雇佣军战争却为富有的城市—国家（城邦）带来了好处。最后，随着欧洲国家对国内兵源的依赖日益加深，民族主义思潮在欧洲兴起，与此同时，那些兼有大型城市和广大贸易腹地的欧洲国家在战争竞争中逐渐占据了上风。由于怀有共同民族主义情感的士兵在对他国的战争中会表现得更为勇敢，因此，欧洲国家一旦面向国内寻求兵源，就会先后在本国推进民族主义化和军队专业化进程，以求在战争中存活，于是，民族国家这一国家形式便在欧洲扩展开来。

与梯利不同，唐宁（Downing，1992）著作的中心议题是：在前现代欧洲，战争为什么在某些国家摧毁了中世纪的立宪制度并导致独裁政治的兴起，而在另一些国家同样的战争却保存了中世纪的立宪制度并促进了代议制政府的形成。他的论点直截了当：代议制政府往往发源于那些不需要调用巨大国内资源以应付战争的国家之中，而当一个国家不得不调集大量国内资源以赢得战争时，它就会向着军事科层制国家的方向发展。最后，一些国家在面临战争威胁却不能从国内或国外获取相应的资源以应对时局时，其主权将丧失给更为强大的国家。

珥特曼（Ertman，1997）从另一个角度对同一个问题进行了研究。其核心问题是：为什么在十八世纪，欧洲的某些国家转变成科层制国家而另外一些国家却依然停留在封建国家的形态？他将这种差异归因于不同国家卷入欧洲战争在时点上的不同。其中心论点是：在 1450 年之前经历了持续不断战争的国家容易强化为封建国家，这是因为在 1450 年之前科层制的国家管理模式在欧洲尚不为人知，欧洲当时也缺乏训练有素的专业人员来管理国家。因此，在那时就卷入战争的国家只能通过加强其封建国家机器来确保取得战争的胜利。而在 1450 年之后频繁卷入战争的国家却大多数采纳了科层化体制，这是因为科层化体制在1450年之后已逐渐被一些国家接受，与之相应的专业管理人员亦已大量出现。

芬纳（Finer，1975）关注的是军事发明与其他社会结构性条件，包括统治性意识形态、社会分层体系和国家建设进程等因素之间的相互作用（他将其中的每一种相互作用关系称为一个"循环"）。他想要解释的是如下三个方面的问题：第一，在欧洲过去一千年的时间里，军事发明是如何改变战争性质的；第二，军事发明是如何推动统治者在战争中借助提高国家税收能力、巩固领土以及推进政府职能专门化等手段不断加强其自身权力的；第三，上述过程又是如何催发欧洲的国家集权化进程，并同时为现代民族国家的形成奠定基础的。显而易见，芬纳的研究虽然没有触及欧洲的国家建设进程在时间和空间上的变异，但为梯利、唐宁和珥特曼的分析提供了具体机制。

麦克尼尔（McNeill，1982）的兴趣也是资本主义和民族国家为什么起源于欧洲的问题。不过，他的视野是全球性的。麦克尼尔的论述始于第二个公元千年早期基督教欧洲发生的双重社会演变：市场化行为的出现以及武器和军事组织的持续创新。在麦克尼尔看来，这两种变化均得益于中国北宋时期在经济和军事上所取得的成就。在中国，由于政府权力和儒教文化的双重压力，经济最终未能取得突破性发展；而在欧洲，国家（以及教会）不但未能遏制住市场力量的发展，而且随着时间的推移，变得越来越依赖市场来筹集日趋增长的战争费用。这种市场与战争之间的相互促进关系，不仅加快了市场经济和军事技术的发展，并最终导致工业资本主义和民族国家的形成。

与其他一些学者相比，曼（Mann，1986，1988）关于欧洲社会演变的解释是比较难以概括的，因为他的分析几乎对所有方面都有所涉及：基督教会的权力与基督教文化、由具有巨大政治和文化差异的国家所组成的多国体系、战争对国家和社会的影响，以及最初表现在农业生产领域继而表现在商业和工业领域的经济发展，等等。尽管曼强调上述诸种权力网络的性质在时间和空间上的持续变化及其在不同历史时期所发挥的独特影响，但某种程度上，他与麦克尼尔也存在着相似之处，即两人都强调经济发展和国家间的战争是推动欧洲历史持续发展的两个主要动力。

从上述早先的研究中，我们了解到军事技术的发展对其他社会领域的影响，战争因素（war-making）、国家形成（state-making）与代议制（或科层制）政府之间的复杂关系，宗教（或意识形态）在调节战争驱动型发展中的作用，以及历史发展过程中各种权力网络性质的变化等方面的情况。正如读者即将读到的，这些研究所揭示的社会性机制将在笔者的整个分析中以不同的形式出现。读者可能还会发现，笔者的分析与上述关于欧洲历史演变的诸种理论之间存在着明显的差异，比如，早先的大多数研究一致认为欧洲历史的演变是由两个缠绕在一起的发展过程——战争对社会的塑造（war-making）和市场导向型行为（market-oriented behavior）的大量涌现——推动的，而在笔者对春秋战国时代社会发展的分析中，只有战争才是主要的动力因素，国家的发展、各种意识形态之间的冲突和市场化行为的兴起都是作为战争的产物而出现的（但这些战争的产物反过来也改变了战争和战争驱动型冲突/竞争的性质）。不过，这种差异并非我们在本体论承诺（ontological commitments）上的差别所致，我们都只是根据各自案例的不同特性而寻找不同的解释而已。此外，本书所讨论的不是战争在总体上对历史所具有的重要性，而是一种特殊类型的战争，即在较为固定的对手之间反复发生的局部性战争在历史上的重要性。笔者认为，这种类型的战争对于工具理性文化的发端以及累积性的社会变迁有着特殊的促进作用。

我们之间的差异还表现在以下方面：上述学者（曼是一个例外）将欧洲历史的演变置于某些与战争相关的独特机制之中（比如：芬纳的"循环"概念和梯利所关注的战争性质的变动），笔者的分析中只使用了两个在已往研究中多少有所涉及却从未点透的总体性机制：战争驱动型竞争及其在不同社会结构条件下不同的制度化方式。从某种程度上讲，与其他关注战争的学者相比，笔者的分析更加接近于曼的研究。笔者采纳了曼对社会权力的四种来源（政治、意识形态、经济和军事）的分类，此外还接受了他对权力网络所具有的复杂交叉、不断变化的性质的理解。我们之间在解释模型上唯一的不同在于，曼认为，社会变迁的源泉来自权力网络本身不断变化的性质，而笔者则认为，效率导向型的社会变迁是从特殊类型的冲突或竞争状态的形成过程中获得动力的。并且，笔者把曼所提出的四种权力网络的来源看作结构性条件，它们直接被上述冲突或竞争所塑造，同时又反过来塑造这种冲突或竞争结构的性质、发展过程及其结果。

笔者认为，虽然人类活动所导致的许多非目的性后果，比如人口增长、人类跨地域活动所带来的流行病、自然资源的耗竭和环境退化等等，都在很大程度上塑造了社会关系并为社会行动提供了一个特殊的舞台，但将世界文明带入方向性的、累积性的和不断加速的发展之中去的首要动力，是人类在组织和个体水平上的冲突或竞争，而在工业资本主义兴起之前，战争是此类竞争性发展最为重要的动力。尽管冲突或竞争将社会置于不断的变动之中，制度化却赋予人类社会一定程度的稳定性，从而使我们能够创造出多少有些静态化的结构性概念和范畴以作为观察社会的基础，比如阶级、国家、种族和性别等。这里所谓的制度化，是指旨在调节冲突或竞争，并对在冲突或竞争中获取的果实加以保护和控制的人类活动过程。两个难以分离的过程构成了制度化必不可少的组成内容：一个是功能性的，另一个是冲突性的。一方面，我们的确需要借助法律和规则以使冲突或竞争更少破坏性，而更具建设性；另一方面，法律和规则总会被某些社会群体用以维持他们的既得利益，因而冲突是不可避免的。但是，无论从哪种角度来看，制度化均会导致不充分竞争，尽管对一个国家来说，制度化是社会和政治生活中不可或缺的一环。

从我们所研究的历史事件来看，尽管战争驱动型冲突／竞争为春秋战国时代的社会发展提供了动力，这种冲突的制度化形式和走向及其最终形态却是由当时存在的、具有一定内生性质的结构性条件（即政治权力、军事权力、意识形态权力与经济权力之间的关系）所决定的。上述结构性条件之所以只具有部分的内生性质，是因为，虽然这一系列独特的结构性条件在战争驱动型发展出现之前就已经存在，但战争驱动型冲突／竞争同时会导致这些结构性条件的变化，而这些变化了的结构性条件反过来又会对战争的性质及其他相关方面的发展施加更加变化不定的影响。因此，这些结构性条件不仅是战争驱动型冲突／竞争的中介因素，而且确定了冲突／竞争的规则。

读者可能已经注意到，在笔者的解释模型中，战争只是促进了效率导向型工具理性文化的兴起，它并不与许多次要但绝非不重要的社会发展规律之间有着简单的一一对应关系。换句话说，"工具理性文化的战争驱动型崛起"（war-driven rise of instrumental culture）这一机制仅仅是一个"广覆性法则"（covering law），它只不过规定了一个社会在战争驱动型冲突／竞争下的总体发展方向而已。只有把"工具理性文化的战争驱动型崛起"这一社会机制与其他结构性条件和社会行动者的活动（以及与之相应更为具体的一些社会机制）结合起来，社会发展的轨迹才会变得更容易理解。所以，尽管笔者强调战争驱动型冲突／竞争在社会发展中的至关重要性，但与那些关注战争的西方学者的著作相比，在笔者的解释模型里，战争对社会发展模式形成过程中的作用并不那么具有决定性。战争是效率导向型发展的引擎，但是它却未必是塑造其他次要的、曲折反复的社会变迁的首要力量。在战争驱动型冲突／竞争这一总体性机制的框架下，本书还会把战争与社会之间的交互作用、社会性机制之间变化不定的关系等视角引入我们的分析。

接下来的问题是，我们是否还需要一个以人类竞争为基础的社会学模型？早在上世纪七十年代，萨林斯（Sahlins，1977）就曾敏锐地指出，自托马斯·霍布斯以来，形形色色的以人类竞争为出发点的解释模型以不同的形态在自然科学和社会科学中就已经反复出现：进化论、社会达尔文主义、马尔萨斯主义人口论、微观经济学，以及晚近出现的生物社会学，等等。笔者对那些试图在遗传基因与文化之间建立起某种联系机制的理论毫无好感，这是因为生物进化在基因变异和环境选择等层面上发生作用，它遵循的是达尔文机制，而社会变迁则发生在文化层面上并遵循着拉马克机制。[1] 这就是为什么在面临挑战时，相对于遗传上程序化了的本能，文化系统必然地表现出更强的适应能力和更大的灵活性的原因。但是，人类文化所具有的这种适应能力和灵活性也给我们带来了极大的危险：它怂恿人类掠夺自然资源乃至

1　拉马克进化论的核心内容是用进废退，获得性遗传。移用于人类，则是说一个人通过文化活动习得的生物学特性可以直接遗传给他或她的子代。

强行改变自然运行的规律以满足种种眼前利益；它使社会变化的速度一再加快，几乎如脱缰之马一路狂奔；它使某些社会群体把对自然的征服标榜为荣耀的举动，或夸赞为进步的标志；它使人类对自身理性和行为的正当性充满了可怕的自信。然而，早先的思想家们试图将生物进化与社会变迁机制连成一体的努力尽管问题丛生，但他们提出的种种竞争／冲突理论所具有的解释价值却不应被简单地予以拒斥。比如，很少有人会否认以下事实：现代微观经济学既是一种意识形态又是一种对西方市场体系颇有解释力的模型；又如，几乎没有哪位生物学家会否定现代进化论（即现代遗传学产生后所形成的一种修正型的达尔文进化论）在生物学中的核心价值——这是因为，正如马克思曾经一针见血地指出的（Schmidt，1971：第 46 页），达尔文关于进化现象的原创性思想在很大程度上来自对十九世纪英国社会的观察。至于笔者在本书中所提出的解释，我想也不会有哪位严肃的学者会否认特定条件下的战争和商业冲突／竞争会增进社会的变迁速度。笔者认为，作为学者，我们不应该简单地否认竞争机制的重要性，关键是要去理解生物进化与社会冲突／竞争之间的不同。只有这样，我们才能扬弃那种给效率驱动型的累积性发展简单地赋予正面意义的线性的、进步主义的历史观。因此，本书写作的目的绝不是要批判或鞭挞秦朝统一后中国政治漫长的"稳定"或"僵化"历史，也不是要为效率驱动型文化、资本主义或民主政治的兴起大唱颂歌。在本书中，诸如"发展"之类的字眼只是用来描述某种社会形式在时间或地域上的扩展，并不附带任何褒贬的含义。笔者的目的仅在于对中国历史上一段丰富多彩的时期——在这段时期内，效率导向的累积性文化在中国大地上经历了一个光大和萎缩的过程——做出描述，并对战争驱动型冲突／竞争在其中发挥的关键作用及其深远的历史后果给出自己的分析。

按照大致的历史时间顺序，本书的叙事部分由以下内容组成：首先，笔者将简略介绍一下西周历史，其目的在于为本书的分析提供一个背景知识，即阐明西周的政治、经济和文化形态为春秋战国时代的历史演变提供了什么样的基础性结构条件；然后，笔者将提出自己对春秋战国时代的三阶段分期法，即将春秋战国时代依次划分为霸主期（前 770—前 546 年）、转型期（前 546—前 419 年）和全民战争期（前 419—前 221 年）三个阶段，并对上述历史分期的依据进行简要讨论。在接下来的三个章节中，笔者将剖析上述每个历史阶段中战争与政治变化背后的逻辑，并将讨论如下问题：战争在当时是如何促进效率导向型文化在中国的兴起，以及经济、军事、国家结构和政治等领域的快速发展的，经济、军事、政治等领域的发展又是如何最终被国家所控制的。此外，在分析全民战争期的政治发展时，笔者还将分析为什么是秦国而不是其他某个诸侯国最后统一了中国的原因。在接下来的一章中，我们将讨论秦朝的灭亡与汉帝国的崛起，以及帝国儒学之所以能够擢升为汉帝国的统治意识形态的原因。在最后一章，笔者将对汉以后中国历史的发展作一个简要的勾勒。这一章重点要解决的问题是：自汉代以降近两千年的时间里，中国社会在量上发生过许多惊人的变化，但为什么这些变化却没有给中国社会的发展带来质的改变？

　　笔者希望读者能够注意到，尽管本书强调的是战争在春秋战国时代这个特殊的历史转折时期所具有的重要意义，但决不是在推崇或宣扬一种战争决定论式的社会学理论——这种理论认定人类社会的历史在根本上是由战争推动的，而且国家存在的理由就是为了打仗。正如本书所充分揭示的，战争驱动型冲突及其导致的后果的确对儒法国家在中国的形成起到了推动作用，但在儒法国家这种政治形态形成之后，塑造以后两千余年中国历史的，却是政治权力与以儒家和法家思想为核心的意识形态权力之间的特殊耦合关系。

第五章

西周体制及其衰落

春秋战国时代的政治是在西周封建体制的土壤上生长起来的。西周时期所形成的结构性和文化性条件对春秋战国时代的历史演变产生了直接的影响。要理解春秋战国时代的历史，我们需要从西周王朝留下的历史遗产说起。西周王朝（起迄时间大约为前1046—前771年）是由周—姜部落联盟在推翻商朝的统治后建立的。[1] 周部落及其盟友在原商朝势力范围内的势力扩张活动时来已久[2]，但其最终的成功却来自于公元前1046年发生的牧野之战。当时，商朝的军队虽然仍然可能比周军强大，但其内部矛

---

1 我们对周部落在统治中国之前的历史所知其少，尽管从现存的青铜铭文和考古发现中得知，他们在灭掉商朝之前大致生活在今天的陕西省西部。远在统治中国之前，周部落已经从事定居式的农业活动，利用铜来铸造鼎爵、武器和农业生产工具，并与商朝有着时敌时友但是又很密切的接触。

2 据《史记·周本纪》，在牧野之战的前两年，周武王就曾与八百个部落的首领在孟津会盟试图进攻商朝，虽然这一行动中途流产。

盾却使许多士兵不战而降甚至临阵倒戈。

西周建立之初，周—姜部落联盟可能只有六到七万人。周朝的统治者面临野心勃勃的宗室成员和商朝旧势力的严重威胁。迫于历史环境，周初的统治者采取了若干在当时很可能仅仅是临时创举性的对策。但他们也许不会料到这些举措对中国历史发展将会产生多么深远的影响。

为了与商朝遗民达成和解，周朝的统治者声称他们推翻商朝的举动具有正义性：商王因其暴虐的统治而丧失了天命，周则是天命的合法继承者。[1]这种"天命观"在其出现时显然有着强烈的宣传性质。但随着时间的推移，它在中国政治思想中扮演了越来越重要的角色。在春秋战国时代，被后世所标称为儒家的学者将天命思想系统化，此后，该思想逐渐被神圣化并最终成为中国帝制时代王朝合法性的基础论述（Creel，1970；Shaughnessy，1999）。但是，"天命观"的背后却暗含着"造反有理"的思想，即人民有权推翻不称职的统治者。中国历史上难以计数的农民起义活动无一例外都带有这一观念的胎记。

为巩固自身的统治，在推翻商朝统治之后，周统治者还派遣

1　所谓"天命"，是指只要统治者关心臣民的福祉，他就拥有由上天授予的统治人间的神圣权力，倘若他未克尽其职便将遭受被推翻的厄运。在推翻商朝之初，周朝统治者遭到商朝贵族的强烈敌视和反抗。为了缓解商朝遗民的抵抗并取得他们的合作，周朝的建国者创造了"天命"的说法，试图以此劝告商朝遗民：周之所以代商而立，是因为商朝统治者的暴虐统治使商丧失了"天命"。关于"天命"观念的最早记载，见《逸周书》（此书编定于战国时期）所辑的《商誓解》和《克殷解》。

王室成员及其亲密盟友到各处战略要地建立军事移民据点。这些军事据点最早绝大部分都分布在黄河中下游沿岸及太行山脉两侧，后来又扩散到其他各地的战略要冲。这些军事据点的首长被授予不同等级的爵位，而这些爵位及其相应特权均可世袭。中国的封建制度与欧洲有着很大的差异：在欧洲，封建制度是在罗马帝国末期和日耳曼部族社会早期所存在的一些社会组织形式的基础上自发地缓慢发展起来的。[1] 而在中国，它明显地是政治设计的产物。随着时间的推移，许多军事据点逐步扩展成为城邑—国家。当西周的政治秩序解体时，这些国家便开始了对统治权的争夺，春秋战国时代的战事由此拉开帷幕。

由于春秋战国时代的大多数国家脱胎于早期的军事移民据点，因此，中国的城市在出现伊始所担当的功能便不是经济中心，而是军事与政治中心。西周时期既无货币通行[*]，亦不存在明确的土地私有现象。周朝时期人们铸范青铜器皿和制造其他手工艺品的技术已经达到了惊人的水平。然而，迄今为止的考古发现表明，这些器物大部分都是在官办作坊或大贵族家中制作的。这意味着在春秋战国时代刚开始的时候，整个社会的经济基础是相当

1　也就是说，欧洲的封建制度滥觞自罗马帝国末期个人之间（如贵族对平民、奴隶）的庇护体系和日耳曼部族社会中建立在土地所有制基础之上的人身依附关系。见毕勒（Beeler, 1971）和芬纳（Finer, 1997；第 2 卷，第 5 章）。

*　西周时期的贸易还停留在实物交换阶段。《诗经·卫风·氓》云："氓之蚩蚩，抱布贸丝"，反映了以布交换丝的事实，同时也佐证了西周时期还没有货币出现的事实。（译者注）

薄弱的。因此，可以说，在欧洲，整个封建社会发展的动力来自战争冲突和商业竞争这样两股不同的力量，而在春秋战国时代的中国，封建社会演化的动力则主要来自于战争。

周朝的军事殖民活动同时也将表意性的汉语文字传播到操使不同语言的人群之中。由于表意性的文字书写系统能够脱离语音而使用，这极大地便利了操使不同方言乃至不同语言的人群之间的交流。春秋战国时代之后的中国历史表明，虽然是帝国儒教为精英文化的统一提供了基础，但为这种文化的传布和绵延提供物质基础条件的却是表意性的汉语文字。正因为如此，中国成为古代世界中唯一一个能够借助非常有限的基础性硬件就得以将广土众民抟成一体并绵延悠久的国家。[1]

周朝政权将其治下的民众划分为两类："国人"和"野人"。其中，"国人"居住在城邑或近郊地区，他们中大多数人是原先周—姜部落联盟的后裔。除周王所在的宗主国之外，西周时期大部分城邑国家没有常备军。因此，"国人"在战争爆发时必须加入战斗。当然，"国人"也享有一系列特权，比如税负较轻、有权获得官

1　曼（Mann, 1986）将基础性权力定义为：国家所具有的对社会进行实质的渗透性控制以抽取税收或者为其他目的而动员民众的能力。曼所独创的这个术语强调的是道路交通、统一化的货币制度以及信息传递等要素对于国家统治能力的重要意义。笔者（Zhao, 2001）则将这些要素定义为"基础性硬件"。笔者同样想强调的是使国家得以存续的文化层面上的基础性权力的重要性（这包括统一的精英文化、通用的语言文字以及广为接受的统治意识形态，等等）。所有这些文化层面上的基础性权力均有助于国家对社会的渗透性控制。鉴于此，笔者（Zhao, 2001）将国家的这种基础性权力称为"基础性硬件"。

学教育、国家在做出重要决定时要咨询他们的意见，等等。"野人"的居住地往往远离城邑，他们是周部落到来之前的当地原住民的后裔。他们没有服兵役和作战的义务，但承担着更重的税负，也不能像"国人"那样享有官学教育和政治上的特权。值得一提的是，西周时期还有为数不少的另一种类型的"野人"——他们生活在不为任何国家所控制的地带，其中一些人很可能还过着狩猎和采集的生活。中国的历史学家往往会忽略这一人群的存在。这与《周礼》对当时周朝的政治结构的描述有关。《周礼》将周朝的政治结构描绘成一个似乎是以周室为中心的整齐划一的空间组织网。在这种政治模式下，国与国之间紧紧相连，中国大地上的任何一块土地都处于至少一个国家的统治之下。这只是周朝统治者理想中的政治模式，但后来中国历史学家却在不同程度上认为这是周朝政治的实际特征。这就是后一类"野人"的存在常为后世所不察的原因。尽管此处不便详述，但笔者想指出的是，只要人们对这个问题稍加留意，就不难发现一些史籍上所说的"野人"有些其实就是此类野人。譬如，曾在晋文公（前636—前628年在位）流亡时侮辱了他的"五鹿野人"（《左传》僖公二十三年）；曾在公元前645年秦、晋之战中，救秦穆公（前659—前621年在位）突出晋军重围的"岐下野人"——显然都没有受到任何一个国家的直接统治。[1]终西周一朝，有许多土著居民仍然没有被

1　见《史记·秦本纪》。"岐下"在今陕西岐山县东北。

覆盖进国家的统治范围之内，即使到春秋战国时代中期，在人口密集的区域中仍有某些地方处于任何国家的控制之外。[1] 由于这些国家治外区域的大量存在，当时已处于国家统治之下的民众也就拥有了脱离国家统治的选择余地。也就是说，"社会笼"（social cage）在当时并没有完全闭合。由于臣民们尚有脱离国家控制重新回到自然生活状态的余地，西周时期的城邑—国家的国家权力一般来说都比较薄弱，国君与大臣和民众之间的关系也比较舒缓贴近。从这个意义上说，当时的国家所施行的便都不是专制统治。[2]

如前所述，周朝统治者为"国人"提供官学教育，教育的内容包括礼、乐、射、御、书、数六个方面。需要指出的是，到春秋晚期，礼崩乐坏，各诸侯国国君权力式微，各国的官学体系也随之垮台，因此一些官学中的教师和学生不得不依靠提供私人教育来谋生，并开始撰文表达他们对当时社会变化所做的种种思考，"诸子百家"由此蜂起，其中包括后世所标称的儒家、法家、道家和墨家。由于这些学派的开创者大都源于周朝的官学系统，春

1　《左传》哀公十二年记载：子产（？—前522年）担任郑国执政年间，在郑国与宋国之间仍有大量的土地无人管辖。

2　曼（Mann，1986：第3章）用"笼子"的比喻以形象地说明冲积平原农业在人类文明形成过程中所扮演的关键角色。另外，希罗（Chirot，1985）强调，前现代的欧洲国家众多，百姓在不同国家中来去有较大的自由。他认为，欧洲社会的这样一种特点限制了一个欧洲国家对国内人口施行强力统治的能力，保持了欧洲文化中自由的一面。

秋战国时代所涌现的哲学学说就不可避免地被深深打上了西周时期政治文化的烙印。[1]从这个意义上说，西周历史对整个中国历史形态的形成和发展有至为关键的影响。

　　西周时期的封建制度在很大程度上是政治设计的产物，但这并不意味着西周时期诸侯列国之间在文化和政治上是全然雷同、千篇一律的。例如，在西周建立之前即已存在的楚国就从其先民那里继承了与周部落迥然相异的传统。由于不同封地在地域、政治和文化上有着很大的差别，许多诸侯国不得不根据当地的历史传统采取不同的政策。因此，由周王宗室及其亲密盟友所建立的诸侯国肇建之初即在政治和文化上互有差异，而且这些差异在日积月累中不断扩大。据史籍记载，鲁国实行的政治制度与《周礼》一书中的描述相对接近，而齐国所面对的则是一个大为不同的地方文化，其推行的军事殖民政策也遭到当地原住民的强烈抵制，因而不得不采取一套能够为当地人所接受的政治制度和政策。至于春秋战国时代的另外一个重要国家——晋国，由于在其最初领地吕梁山和中条山之间，已经存在着许多原住民小国，新来的晋国统治者不得不采取与中原地区的井田制相当不同的土地分封制度，并在新建立的国家中给当地的贵族以一席之地（李孟存、李

1　见《史记·太史公自序》所录司马谈（司马迁之父）《论六家要旨》。

尚师，1999：第 1 章）。[1]

在历史的演进过程中，各诸侯国之间最初的差异不断扩大，新的差异也不断产生。随着春秋战国时代的到来，中原大地逐步进入多战之秋，在战争的压力下许多诸侯国为了存活不得不根据当地情况的变化进一步调整政治体制和社会结构，由此导致诸侯国之间的差异进一步扩大。显而易见，战争驱动型冲突／竞争虽然推动了春秋战国时代历史的演变，但各地不同的自然与社会条件却决定了诸侯各国的选择空间。由于初始差异及后来的变革方向的不同，各诸侯国在国家间战争和国内政治方面的表现可谓千差万别。为了能在战争竞争中维持生存甚至壮大起来，各个国家又相互借鉴，这又进一步刺激了春秋战国时代社会的演变。

为了控制各诸侯国，西周王朝的创建者们还创立了一套宗法制度。其中，嫡长子及其一系的后裔称为"大宗"，庶子及其一系的后裔称为"小宗"。因此，所有的诸侯均属于周王室的"小宗"，即使他们在自己的封国内占据的是"大宗"的地位。在宗法制度的基础之上，周朝还制定了一套复杂的礼仪体系以规范王公贵族

1　在井田制下，耕地被划分成一块块面积约十五公顷的正方形，然后再将其均分为九块，形如汉字的"井"字，故称"井田"。每块"井田"分配给八户农民耕种，每户分别耕种一块"井田"外围的土地。"井田"中央的那块土地则由八户农民共同耕作，其出产作为领主的税收。事实上，由于山川、河流和地形等原因，很少有土地能够以这种近乎于理论模型的形式来划分。由于古籍中关于井田制的具体描述非常少而且各种描述之间的出入很大，因此，许多学者甚至怀疑西周及春秋时代是否真的存在过井田制这样一种农业耕作形式。

在不同社会场合的举止行动，举凡（但不限于此）祭祀、婚嫁、丧葬、朝贡、乐舞及服饰等皆包括在内。春秋战国时代，虽然战争驱动型社会变迁将周朝的大部分政治制度清除殆尽，但当时中国的哲学家尤其是今人所说的儒家，却常常从宗法制度的理想中寻找灵感以便将其关于大同社会的思想理论化。早期儒家的著述后来逐渐被抬升为帝国儒教，成为帝制时代规范和调整中国人政治、家庭和性别关系的生活准则（Zhou，2004）。

西周王朝存在近三百年之后崩溃了。中国史家基本上将西周的衰亡归罪于某些君王的昏庸无能使周朝丧失天命，但从事后来看，这与其说是偶然事件，不如说是历史发展的必然结果。随着时间的流逝，大多数诸侯国之间原有的血缘纽带日益松弛和脆弱。另一方面，一些周边部落和国家却从周人那里学到了生产和组织社会的知识，并逐渐取得相对于周朝的优势。此外，西周的衰亡也有一个渐进的过程。根据非常有限的文献资料，我们知道，大约公元前 985 年周昭王（约前 1001—前 977 年在位，一说前 995—前 977 年在位）率军伐楚时，其最为精锐的"西六师"被楚军全部歼灭。周昭王后来在第三次率军伐楚时再次失利，自己也在败逃中溺毙于汉水。[1] 从此以后，周王室就经常受到来自楚国和北方蛮族愈来愈大的军事威胁，终于在公元前 771 年，当时活动于中国西部的游牧民族犬戎与周的两个诸侯国申国、缯

1　见《史记·周本纪》。

国联合攻打周朝，洗掠了西周的京城（镐京），周幽王（约前781—前771年在位）被弑。[1] 一年之后，由几个主要诸侯军队护送[*]，周王室从宗周东迁至原来的东都成周（时称"雒邑"，在今河南省洛阳市），随后周幽王的儿子平王即位，东周王朝由此开始。尽管东周王室又继续存在了五百年左右，但其对诸侯国的权威不断下降。随着周室的衰落，一个崭新的时代降临了——各路诸侯（东周初年约有一百五十个之多）在中原大地上展开对利益权势的激烈争夺，由此拉开春秋战国时代的序幕（东周有时也被称作春秋战国时代）。

西周王朝的大量遗产对中国历史有着很大的影响。不过，这里要指出的是，西周的这些遗产并不能回答本书开篇所提出的七个问题的大部分内容。西周的大部分遗产还停留在相当初步的水平，放在不同的条件下它们肯定会向着不同的方向发展。这些遗产对于本书论述的重要意义在于，西周所奠定的一系列结构性—文化性条件在很大程度上塑造了春秋战国时代战争驱动型冲突／竞争的性质及其结果。读者还将看出，笔者在下文中介绍春秋战国时代的历史所用的描述手法并不是直线式的，而是辩证的、双向性的。比如在战争与科层制国家形成这一问题上，我们的论点并不是简单地认为封建战争促进了科层制国家的形成，而是春秋

1　见《史记·周本纪》。
[*]　即晋（晋文侯）、秦（秦襄公）、郑（郑武公）、卫（卫武公）等诸侯国。（译者注）

时期的封建战争在许多诸侯国中促进了二级封建化和贵族（卿大夫）势力的兴起，而二级封建化导致了封建危机、诸侯国国际体系的垮台和科层制国家的形成，科层制国家的产生进一步改变了战争的性质，促进了全民战争时代的到来、秦帝国的统一和儒法国家的形成。战争与科层制国家的形成之间是一种互动关系。就科层制国家的形成这个问题而言，战争既不是其形成的唯一原因，也不像凯瑟和蔡泳（Kiser and Cai，2003）的文章所描述那样，是一个促进科层制国家形成的"自变量"。

第六章

东周历史的分期

在公元前 770 年到公元前 221 年期间，中国在军事、政治和社会诸领域均发生了根本性的变化。要理解这些变化，首先必须提出一个能够真实反映这一时期社会转型特征的历史分期方案，然后才有可能揭示出隐藏在这些社会转型背后的机制。[1] 虽然对于具体的起迄时间一直聚讼纷纭，但史学界一致接受将东周划为春秋和战国两个阶段的观点。春秋时期的说法得名于《春秋》以及另一部对《春秋》一书有详细注解的、本书即将频繁引用的史书《左传》。《春秋》据称是春秋时期鲁国史官所作，后经孔子编订，书中记载的鲁国历史上起公元前 722 年，下至公元前 481 年。正因为如此，许多史家便将公元前 481 年作为春秋时期与战国时

---

1 由于此处所提供的证据与分析将在后文有更详细的讨论，本部分的叙述将省略掉许多历史细节。

期的分界点。*把公元前 481 年作为春秋与战国的分界点也许仅
仅是为了方便，但这一分界方法并非毫无历史根据。因为《春秋》
一书的历史记录止于公元前 481 年本身就是一件很能说明问题的
历史性事件。自鲁文公（前 626—前 609 年在位）即位以后，鲁
国的政治逐渐为三个最有权势的贵族世家（史称"三桓"）所左右。
到鲁哀公时（前 494—前 468 年在位），鲁国朝政几乎完全为"三桓"
所把持。鲁哀公被逼逃到越国，后在复位无望中郁郁而终。而鲁
哀公以后的鲁国国君再也没有获得过正位。以上这一现象并不是
鲁国一家独有。同样在公元前 5 世纪，其他一些诸侯国诸如晋、齐、
郑、宋等均遇到了相同的麻烦。在一些国家中，某些封建世家已
然坐大，互相争斗，僭夺国柄，并随后建立起科层制政府。《春秋》
记史的中辍实际上是封建制度分崩离析的一个重要标志。

　　尽管将公元前 481 年确定为春秋与战国的分水岭并不是完全
没有道理，但我们通常所说的春秋与战国之间存在的历史差异却
不是那一年前后遽然形成的。首先，虽然各诸侯国中豪门世族剧
烈的篡权活动大多都发生在公元前 5 世纪前后，但这些篡权活动
所标志的封建体制的瓦解却是一个渐进的过程。其次，战国时期

---

* 《春秋》记史开始于鲁隐公元年（前 722 年），结束于鲁哀公十四年（前 481 年），
共计 242 年。《左传》所记历史的年代大致与《春秋》相当，同起于鲁隐公元年（前
722 年），结束于鲁哀公二十七年（前 468 年），共计 255 年。但其他史籍所记春
秋时期的上下年限，与《春秋》《左传》的年代并不一致。如，司马迁《史记·六
国年表》记自公元前 770 年至公元前 476 年（周敬王四十四年）；司马光《资治通鉴》
所记战国历史的起始年则为公元前 403 年（周威烈王二十三年）。目前的流行说法，
是按照《史记》所记把春秋时期与战国时期的分界年份定在公元前 476 年。（译者注）

的历史所具有的一些主要特征也不是在公元前 481 年之后才突然出现的。比如，战国时常见的科层制政府、大规模的治水工程以及活跃的商业活动等都可以在春秋时期找到渊源。因此，为了更好地把握东周社会的转型过程及其内在机制，笔者在这里提出关于东周史的三阶段分期说，即将东周历史依次划分为以下三个阶段：霸主期（前 770—前 546 年）、转型期（前 546—前 419 年）和全民战争期（前 419—前 221 年）。

第一阶段霸主期（前 770—前 546 年）以西周王朝的崩溃和诸侯国力量的上升为开局。其中某些诸侯国马上就变得野心勃勃，随之而来的是诸侯国之间战争数量的大大增加。在这一阶段，尚未有哪个诸侯国强大到足以将其他所有的国家都消灭掉。因此，虽然势力较强的诸侯国在这一时期大量侵夺邻国的领土，甚至灭了不少实力薄弱的小国，但它们的战略目标并不在于建立一个一统天下的帝国，而在于成为一个能够支配其他国家的霸主。就像周王对待它的属国一样，这些霸主不断在自己所控制的势力范围内对其他小国的内政（如封建秩序下的君位继承问题）和外交进行干预。故而，霸主体系在某种意义上维续了西周的封建制度。在该阶段，我们可以发现郡县行政体制的兴起[1]、战争规模的日益扩大以及效率驱动型文化的出现。我们还会发现在军事组织、政

---

[1] 当时的郡县制是一种包含了不同程度的科层制要素的行政管理体制，这些要素在随后的转型期（前 546—前 419 年）中进一步发展成更加完备的科层体制。关于郡县制的更多细节详见后文。

府结构以及土地所有制等方面发生的许多由国家主导的改革。所有这些改革都是为了达到如下两个目的：进行更为有效率的战争和维持本诸侯国国君的权力。

　　不过，霸主体系之下的诸侯国家面临着一些共同的内在困难。主要是，虽然在该阶段的早期，一些主要的诸侯国已经开始采用科层制这一国家管理模式，但显然，当时的主导性政治模式依然是封建制度：在当时的大多数国家中，作为国家官员的贵族世卿拥有自己的领地和私家武装。由于贵族世卿的爵位以及相应的权力可以代代相袭，随着时间的推移，某些贵族世家的势力不断增长，最后增长到完全足以控制所在诸侯国的国家政治，从君位继承直到与外国交往等国家大政皆操纵在他们手中。这个问题对那些小国来说并不十分严重，小国的内政在相当程度上由霸主国家控制，其国内的贵族世家在国内政治上难以有所作为。此外，小国人少地狭，没有多少土地可供国内的贵族世家争夺。相应地，一个国家的领土越大，上面所说的这一现象就越严重。特别是对那些通过军事征服获得广袤疆土的霸主国家来说，这一问题最为严峻。在这些霸主国家中，新近吞并的领土一般都分封给了一些世家贵族或军功新贵作为采邑。从长远来看，这样的做法最终只会对贵族有利。诸侯列国中贵族势力的崛起（史称"二级封建化"）及其带来的封建危机对春秋战国时代的历史发展有着关键性的重要意义。

　　这里之所以将公元前546年作为霸主期与转型期的分界点，

是因为在这一年，当时两个敌对的霸主国家，即晋国和楚国，同另外十余个小国会盟于商丘，订立了休战协议，史称"弭兵大会"。晋、楚弭兵各有原因。楚国是由于受到了另一个刚刚崛起的强国——吴国的严重威胁，因而不愿两面受敌。晋国则是因为国内的几大世卿豪族陷入激烈的内争，对外已无暇顾及。弭兵大会尽管使晋、楚两国各自获得喘息的机会，但却加速了东周时期整个霸主体系的解体，从而将东周历史带入第二个阶段——转型期（前546—前419年）。

转型期始于封建危机的深化（这种情况在当时中原地区的几个诸侯国中已经表现得非常明显），终于科层制国家的形成。公元前546年弭兵大会之后，吴国对楚国的威胁日趋严重。公元前506年楚国甚至差一点被吴国彻底灭掉。*因此，外患便成为楚国在弭兵大会之后所面临的主要问题。对于晋国来说，弭兵大会的最大影响是使该国的内患加剧。一旦楚国不再对其构成威胁，迫使晋国几大世卿贵族团结起来共御外侮的压力便随之消失了。此后，晋国国君的权威进一步衰落，六大卿族开始最终的较量，他们首先根除晋君公室的贵族势力，然后便开始了长期的相互倾轧。

---

* 这一年秋天，吴王阖闾拜伍子胥和孙武为大将，亲率吴、唐、蔡三国联军攻打楚国，联军连战连捷，并在柏举（今湖北麻城东北，一说湖北汉川北）之战中大败楚军主力，继而攻克楚国都城郢都（今湖北江陵），大破楚国，楚昭王一路仓皇逃往随国（今湖北随州），后由楚国流亡大臣申包胥求得秦哀公发兵救助，楚国方免于灭亡。（译者注）

最后，在斗争中存活下来的韩、赵、魏三家在公元前 453 年将晋国瓜分。*由此形成的韩、赵、魏三国（史称"三晋"）都成了春秋战国时代下一阶段历史上的重要角色。

由于在弭兵大会之后，楚、晋两国不再充当霸主，一些二等诸侯国家便开始乘机谋求霸主地位，但它们无不以失败告终。此外，没有了霸主的控制，那些诸侯小国也企图在新的战局中分一杯羹，于是，邻国之间的战争便开始变得频繁起来。最为重要的是，没有了霸主国家的遏制，那些小国的贵族便得以公然扩充自己的势力以挤压国君的权威。上述种种变化汇成了当时社会演变之浪潮，大势所趋之下，中原地区最为重要的几个诸侯国，如鲁、齐、宋、卫、郑等国国君的权力相继易手给本国的世卿贵族，前面曾

---

*　当时晋国的六大卿族为：范氏、智氏、中行氏、韩氏、赵氏、魏氏六家。晋国从晋献公时起就开始排斥公族重用异姓贵族。此后，异姓或国姓中血缘疏远的卿大夫得势，政权逐渐为他们所操纵。春秋中期以后，十余个卿大夫家族控制了晋国的政局。经过不断吞并，到了春秋晚期只剩下上述六大卿族。代表新兴势力的六卿同晋国旧贵族（栾氏、羊舌氏、祁氏、郤氏、胥氏、原氏、狐氏、续氏、庆氏、伯氏等）斗争激烈，旧贵族日趋没落。六卿各自采取革新措施，以期发展实力。公元前 497 年，赵鞅代范鞅为政，赵鞅与范、中行氏不和，范、中行氏入于朝歌（今河南淇县）以叛。公元前 490 年，范、中行氏逃奔至齐国，于是灭亡。至此，晋国卿族只剩下智、韩、魏、赵四家。公元前 455—前 453 年晋阳（今山西太原西南）之战中，赵、韩、魏三家联合灭掉智氏，由此形成三家鼎立的局势，晋国公室已名存实亡。鉴于其与鲁国出现的"三桓"擅权局面相似，故史家将其称作"三晋"。公元前 403 年，周威烈王赐赵、韩、魏皆为诸侯，三国才正式成为诸侯国。但晋国的彻底灭亡则一直拖到公元前 376 年（该年魏武侯、韩哀侯、赵敬侯废晋静公并三其地）。因此本书所说的公元前 453 年"三家分晋"实际上是在"三家分智（氏）"的意义上来讲的，最终"三家分晋"的时间是在公元前 376 年。（译者注）

经提到的鲁哀公的悲惨遭遇只是整个封建危机中的一个典型事例而已。换句话说，在晋国所发生的一切在当时并不是特殊现象。

在转型期，战争驱动型冲突／竞争同时刺激了其他方面的社会变迁。第一，随着封建制度的衰落，自西周初年以来就一直存在的官学教育体系逐渐瓦解。官学中的教师和学生不仅开始从事中国历史上最早的私学教育，而且纷纷著书立说，向世人表达他们对时政及社会风气的看法和见解。他们中的一些人，即后世所说的法家和纵横家，将在这一时期的政治舞台上扮演十分重要的角色。第二，诸如土地的私有化、成文法的制定、以能力而不是地位来选取政府官员的方法以及赋（用于军事）税（用于行政）分离等众多改革在这一时期都开始启动。这些改革不仅为下一历史阶段更具根本性的改革提供了经验与教训，同时也为其铺平了道路。第三，该时期军队的组织方式和兵法战术也发生重大变化。我们可以看到，步兵方阵开始出现，水军作为一种兵种在许多国家相继建制，职业化的军事参谋人员开始参与作战计划的制定，战争卷入的人口日益庞大，战争方式愈趋复杂，持续时间也越来越长。第四，一些主要用于军事目的的大型水利工程开始营建或投入使用。最后，在霸主时期即已出现的重商主义在这一时期变得更加普遍，与此相应，商人和手工业者群体也获得了一定程度的政治权力。

由于在封建危机中涌现出来的那些新生国家的执政者均出身于原来的贵族世家，因此，他们对封建政治体制的缺陷有着清醒的认识。于是，这些新生国家便通过向政府官员发放薪俸和推进政府职能的专门化，将发轫于春秋时期的郡县制度建设成更为完备的科层制度体系。在做出这一系列的调整之后，国家的权力得以集中，从而为推行更为彻底的改革提供了可能。这些改革大大提高了一些国家的战争能力，改变了整个春秋战国时代战争的性质。春秋战国时代由此进入最后一个阶段——全民战争期（前419—前221年）。

在很大程度上可以说，全民战争期的历史源起于在魏国开始的法家改革浪潮。尽管自春秋战国时代起始不久就已发端的各类改革，都为法家改革提供了先例和经验，但法家的改革却与以往的改革有着巨大的差异：这些新的改革是在意识形态的指引之下进行的，并有着极强的系统性。法家改革的目标并不在于调整个别的社会结构和政策，而是想创建一个能够最大限度地增强国家财政税收和军事力量的全权国家，以使国家能够在赢家通吃的战争局面中立足。[1]这场法家改革的浪潮滥觞于"三晋"之一的魏国。我们不知道魏国改革开始的确切时间，尽管到公元前419年时魏国的改革肯定已经有些年头了。笔者之所以将公元前419年作为春秋战国时代第二与第三阶段的分界点，是因为魏国在这一年开始向西扩张，并由此与另一个最终统一了中国的强国——秦国结下宿仇。

1　见邹谠（1991）对"集权主义国家"概念的讨论。

在全民战争期，从封建体制的束缚下摆脱出来的这些战争国家，在新近从改革中所获得的日益增长的国力的刺激下，其领土扩张的欲望迅速膨胀。扩张的野心急剧地改变了在春秋战国时代前两个阶段既已盛行的战争的性质。在此之前，诸侯国之间进行战争的主要目的或者是追求经济利益，或者是攫取政治霸权，现如今，扩充版图和削弱敌国则成了首要的目标。战争也因此而变得越来越残酷，越来越复杂。战国时期的许多战争之所以被称为全民战争，是因为在这些战争中，参战国的大部分男性人口都被动员起来投入战争，并且，一个国家一旦输掉战争，它就很可能再也无法从随之而来的人口灾难中恢复元气。

在这一时期，军队将领与政府官僚之间出现了职能上的分化，兵法战术进一步成熟。同时，大规模的道路交通网络和水利工程也如同雨后春笋般涌现出来，建设这些基础设施的目的是为了提高战争的效率和农业灌溉的水平。不过，即使一个工程的用途完全是为了农业灌溉，但其最终目的仍然在于战争，因为拥有更高农业生产力的国家更有可能在战争中获胜。在前两个阶段中已经萌芽的商业活动在该时期变得活跃起来，货币在经济交易中得到广泛使用，一批商业大都会相继出现，甚至一些经济理论也问世了，一些巨商大贾开始在政治上发挥重要作用。

魏国在法家改革后实力大增，并因此支配战国格局几近半个世纪之久。魏国的扩张迫使其他诸侯国家纷纷进行自我调整，从而在主要诸侯国家中引发了一个改革的浪潮。从公元前 403 年到公元前350年，魏国之外的改革浪潮整整持续了五十余年，其中最为彻底的两次改革是由秦国分别在公元前356年和公元前350年施行的商鞅变法。商鞅变法的主要内容包括：普遍采行科层制、奖励军功、严格管理地方人口（包括户籍制度）、废除井田制、依法保护土地私有制、提升人口中核心家庭的比例并以此为基础建立税收制度、统一度量衡（见对井田制和核心家庭的注释）。上述改革极大地增强了国家的权力，使秦国得以将其整个疆域组织成一个军事化国家。从此之后，秦国就一直保持着对其他国家的军事优势，并最终于公元前221年消灭列国，一统天下。改革的成功使秦国势力大增，为秦国走向专制提供了条件。甚至在统一中国之前，秦国政府就已经开始压制在其看来妨害统治的商业和学术活动。就这样，国家最终成了春秋战国时代战争驱动型冲突／竞争的唯一受益者。

　　在本书随后的三个部分中，笔者将更加详细地讨论战争是如何与其他结构性条件一起塑造春秋战国各个历史阶段中国社会的发展的。鉴于本部分已经对春秋战国时代历史演变的总体逻辑做出说明，为避免重复，笔者将通过对上述三个历史阶段中所发生的若干关键性变化进行深入分析，以进一步突出春秋战国时代历史演变的逻辑。

第七章
霸主期

（前 770—前 546 年）

　　周王室在迁都成周之后已不再能够有效地控制诸侯国，于是，一些野心勃勃的诸侯国便开始扩张自身的领土和势力范围，由此开启春秋战国时代的历史。不过，在春秋战国时代刚开始时，诸侯国的国力一般都非常弱小，这典型地表现在下列方面：诸候国一般都只是仅仅控制着一到数座城邑及其毗邻地区的城邑国家。界于这些国家之间的地区只有稀少的、仍处于原始部落状态下以狩猎和采集为生的人群，从他处迁移而来的蛮族，或因各种原因从城邑中逃跑出来的人，绝大多数国家，即使像鲁、郑和卫等这样的大国，都还没有常备军。只有发生战事时，这些国家中的"国人"才会集中到太庙前，从那里领取武器，参加誓师等多种礼仪活动，然后出征。[1] 由于这个原因，春秋战国时代早期的战争大

1　《左传》隐公十一年（前 712 年）记载郑庄公在进攻许国之前在太庙向国人分发兵器，结果公孙阏和颖考叔为抢一辆战车还打了起来。又《左传》庄公八年（转下页）

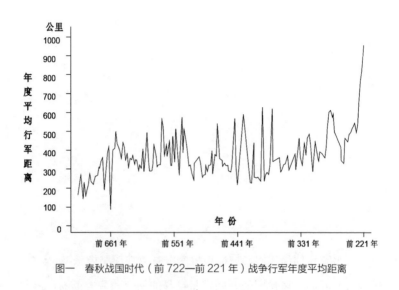

图一　春秋战国时代（前 722—前 221 年）战争行军年度平均距离

多只是在邻国间进行的短距离战争（见图一，即公元 660 年前的
战争行军距离比较短且一直处于上升势头）。

　　由于此时还没有哪个诸侯国有能力将其他所有国家全部消灭
掉，所以这一时期战争的目的除了领土扩张外，更多地是为了掠
夺战利品和攫取霸权。从逻辑上说，某个国家一旦能够迫使其他
国家臣服，自然会希望将自己的支配权力制度化，从而导致一个

（接上页）（前 686 年）记载鲁庄公在太庙向国人发放兵器后带兵驻扎在郎地等候陈、
蔡军队。再如，《左传》鲁闵公二年（前 660 年）记载卫懿公好鹤，"国人"不满，
结果狄人进攻时"国人"拒绝交战，并在接受甲胄时说："使鹤，鹤实有禄位，余
焉能哉（派鹤去打仗吧，鹤享有官禄官位，我哪里会打仗啊）？"可见到公元前
7 世纪中叶时，卫国可能还没有常备军。

支配各诸侯国之间关系的霸主体系的形成。在这种霸主体系下，一个霸主国一方面会为其附属国提供保护，另一方面又会对附属国的政权继承、外交等一系列事务进行干涉和控制。反过来，附属国则必须在战争期间向霸主国提供后勤支持并派出军队协同作战。在这一时期，大多数霸主还会通过为周王室提供保护，并以周王室的名义行事以提高其霸主地位的合法性。*就这样，霸主体系不仅保持了周王室的存在，而且在一定程度上延续了西周以来的封建体系。

四大战争区域的形成与归一

大多数历史学家认为春秋史上的霸主政治时期相继出现了五六个霸主国家，而其开场序曲是由郑国称霸奏响的（晁福林，1992；顾德融、朱胜龙，2001；徐连成，1996）。许倬云在其论述春秋霸主体系时所使用的章节题目本身就很能说明问题（Hsu，1999）："郑的霸位""齐的霸位""晋的霸位""楚的崛起"以及"吴、越的崛起"等。上述说法长期流行于世并不让人觉得奇怪，因为大部分历史学家对这一时期历史的理解都是以《春秋》和《左

---

* 霸主国家这一策略的典型方式就是所谓的"尊王攘夷"，进而"挟天子以令诸侯"（《战国策·秦策一》）。"尊王"，即尊崇周王天下共主的权威，维护周王朝的宗法制度。"攘夷"，即抵御北方游牧民族和南方楚国对中原诸侯的侵扰。"尊王攘夷"由齐桓公首倡，后为其他霸主国家所效尤。（译者注）

传》的记载为依据的，而这两本书记载的历史事件大多要么发生在鲁国，要么多少与鲁国有关。在《春秋》和《左传》中，晋、秦、楚等国在鲁桓公二年（即前 710 年）以前从未被提及。这并不是说这些国家在这一阶段不如当时的中原"霸主"郑国强大，而是因为这几个国家此时还在与各自周边的国家打仗，其锋镝所及尚未到达鲁国或鲁国在中原地区的邻国。《左传》记载了鲁桓公二年两次分别与楚国和晋国有关的历史事件，此后，随着这些国家的势力范围逐渐扩展到中原地区，与它们有关的史实便为《左传》更加频繁和详细地提及。由于《左传》一直是研究这段历史的最为重要的文献，而《左传》对鲁国及其邻国（即郑、齐、宋、周、卫、陈以及稍后加进来的晋、楚两国）历史的记载远比对其他偏远国家历史的记载要详细，这种记史上的片面性很可能给后人造成这样一种印象，即霸主政治最初出现在中原地区的国家之间。

笔者的观点很简单，即，在整个霸主政治时期，从来没有存在过如同今日美国那样一超独强的霸主国家。霸主时期开始时，大多数诸侯国家都相当弱小，它们只有能力对邻近国家发动战争。当时中国大地上存在着四个大致分隔的主要战争区域，它们是：以齐国为中心的东方（中原）战争区域，以楚国为中心的南方战争区域，以晋国为中心的北方战争区域和以秦国为中心的西方战争区域。由此观之，《春秋》和《左传》最先予以关注的当然是鲁国身处其中的东方（中原）战争区域的历史。我们无法准确地知道每个战争区域内到底有多少个国家，但表一肯定已包括各战争区域内的主要国家。由于某些国家地处两个大国之间而两面受敌，对于这样的国家，我在表一中将它们同时放在两个战争区域。秦国所在的西方战争区域究竟包括哪些国家是最难以确定的。大多数临近秦国的国家是由西戎建立的，但中国史籍从来不对各类戎族做出清晰划分。在表一中所列的西方战区国家中，肯定漏掉了许多应该包括进来的国家。

表一　霸主期（前 722—前 546 年）早期四大战区所涉国家一览表

战争区域	所涉国家
东方（中原）战区	齐、鲁、郑、宋、卫、陈、蔡、曹、戎、谭、遂、极、纪、郱、小邾、莒、滑、邢、许、薛、滕、向
南方战区	楚、随、黄、蔡、邓、巴、贰、轸、绞、弦、周、蓼、罗、息、权、徐、英、六、江、庸、萧、赖（厉）
北方战区	晋、梁、箕、郇、贾、虢、虞、芮、霍、卫、耿、原、韩、潞氏、魏、骊戎、东山皋落氏
西方战区	秦、邦、冀戎、陆浑戎、小虢、彭戏氏、荡社、杜、梁、芮、滑、丰

在这四个战争区域中，齐、楚、晋、秦四国最终从各自所在区域的战争竞争中脱颖而出。它们在战争驱动型冲突／竞争中的崛起过程并非一帆风顺。可以说，地区霸主的桂冠之所以落到它们头上并没有什么完全必然的理由。以中原战区的霸主崛起过程为例。在齐国兴起之前郑国一直占据着霸主之位，直到齐桓公（前 685—前 643 年在位）当政初期，齐国相对于邻国鲁国来说依然

没有明显的军事优势。[1] 在北方战区，从公元前 745 年到公元前
679 年之间，晋国分裂为两个政权，其中的曲沃政权在公元前
679 年（鲁庄公十五年）最终统一晋国之前，经常遭到虢国的攻击。
在南方战争区域，尽管楚国的优势从一开始就相当明显，但也在
公元前 676 至公元前 675 年与巴国的战争中遭到重创。至于西方
战区，虽然我们对其最初的情况所知相对较少，但至少如下事实
是可以肯定的：从秦庄公（前 821—前 778 年在位）到秦武公（前
697—前 678 年在位），秦国前后历经五代国君、共一百余年才最
终确立了"霸西戎"的地位。由此可见，地区性霸业的缔结是何
等的艰苦卓绝。

　　尽管上述四国"荣膺"地区霸主之位并没有什么绝对的理由，
但我们发现这些胜出的国家都具有两个共同特征。第一，比起其
他诸侯国家来说，这些国家都率先摆脱了周朝宗法制度的束缚，
并促进了效率驱动型行为和文化在本国的发展。不过，并不是所
有接受了效率驱动型文化的国家都能够崛起为霸主国家。比如，
郑国在霸主政治时期之初就是一个非常实用主义的国家，却未能
在中原地区保住它的霸主地位。因此，上述四国的崛起必定另有
其因，这就是地缘政治的影响。计算机模拟和实证分析都已表明，
一个国家的受敌面越多，在战争中就越难以取得优势（Artzrouni

1　比如，齐桓公即位第二年（前 684 年）亲率军队征伐鲁国，却在长勺之战中大败。
　　详见《左传》庄公十年。

and Komlos，1996；Collins，1978，1986）。齐、楚、晋、秦四国之所以能够成为地区性霸主，也与它们所共有的第二个特征有关，即都地处中国的外围，从而只在较少的方向上受到敌国的威胁。

在霸主时期，任何国家一旦确立地区性霸主地位，就会试图将自己的势力和影响范围扩展到中原地区。这一战略选择是不难理解的，因为中原地区不但是当时最发达的地区，而且是周朝首都的所在地。一个国家要想在整个中国称雄，就得要么灭掉周王室，要么利用在当时仍颇有影响的周王室。这就是为什么中原战争区域之外的三个霸主国家都在同一时期陆续开始逐鹿中原。它们的行动势必引发这些主要诸侯国家之间的冲突，并导致原来四大战争区域的合并归一。为了说明这一点，不妨看一看楚国进军中原、问鼎周室的过程。《春秋》仅用一行文字记载了一桩发生在鲁桓公二年（前 710 年）的事件："蔡侯、郑伯会于邓"，而《左传》桓公二年则记载了两位国君之所以会盟的原因，即他们开始为楚国北进中原的战略企图而惴惴不安（"蔡侯、郑伯会于邓，始惧楚也"）。这也是楚国首次在《春秋》与《左传》中出现。蔡侯与郑庄公的忧惧并非空穴来风，在其后数年内，楚国势力不断北侵，逼近中原，相应地《左传》对楚国军事行动的记录也不断增多，内容也更为详细。楚国向北方分两路扩张推进。西边一路沿武当山东侧平原北上，直插南阳盆地，一路上它征服或消灭了权（约前 700 年）、罗（前 699 年）、邓（前 703 年，后被楚灭于前 678 年）、绞（前 701 年）等国，并于公元前 687 年进攻了南阳盆地北端的申。申国被征服后中原已咫尺可见。东边一路则直指大别山。楚国在这个方向北上的最大阻力来自于地处桐柏山与大洪山之间的随国。《左传》记载了楚、随两国之间所进行的三次重要战争（前706年、前704年和前690年），经过三次较量，在鲁庄公四年（前690年），楚国最终迫使随国臣服。其后，楚国挺兵出山消灭了位于中原南端的息（约前685年）并挥师北上，公元前684年，也就是在"蔡侯、郑伯会于邓"二十六年之后，楚国攻打了蔡国并俘虏了蔡哀侯。在鲁庄公十六年（前678年），楚的军队终于兵临郑国都城之下，把它的势力插入了中原腹地。*

　　在楚国往中原发展的同时，秦、晋二国也在扩张。作为这种军事扩张的一个反映，大国在这段时间内都灭掉了大量小国。据记载，在公元前7世纪上半叶的这段时间内，齐桓公灭了35个国家，晋献公灭了17个国家，秦穆公灭了12个国家，楚庄王灭了26个国家（Hsu，1999：第567页）。这四个地区性大国军事扩张的另一个证据，是交战国中进攻一方的进军距离在这段时间内有了大幅度的增长。从图一可以看出，在公元前700年左右，春秋时代进攻一方军队平均每次进军距离才100多公里，而到公

---

*　西周王朝为加强对荆楚地区的防范与控制，采取"以蕃屏周"的策略，从西周初年至周宣王时期（前827—前782年在位），陆续在汉水以东以北和江、淮之间，分封了不少姬姓或周王室的姻亲诸侯国，即所谓的"汉阳诸姬"。上文提及的随、邓、郧、绞、罗、申、息诸国绝大多数是"汉阳诸姬"的成员国，随国国力最强，为"汉阳诸姬"之首。其中，随国在今湖北随州一带，邓国在今湖北襄樊一带，郧国在今湖北安陆，绞国在今湖北郧县一带，罗国在今湖北宜城一带，申国在河南南阳市北，息国在今河南息县。（译者注）

元前 650 年前后则猛增到 400 公里上下。这种战争距离的增加不仅体现了主要大国国家能力的增强，更重要的是，这标志着四个区域性大国之间的冲突在加强、春秋初期大体分割的四个战争区域在逐渐合并归一。

于是，面对楚国的咄咄逼人之势，身为中原霸主的齐桓公在公元前 656 年（鲁僖公四年）亲率中原八国军队南下征讨楚国，尽管这一军事行动最后以楚、齐邵陵（今河南鄢陵县西北）之盟而告终，但对本书来说，这一事件标志着中原战区与南方战区的合并。如果用现代体育比赛来打比方，这就意味着争霸赛进入了半决赛阶段。正当齐、楚两国在南边角逐之际，秦、晋两国在北方的冲突也在升级。公元前 645 年（鲁僖公十五年），秦穆公率领秦军在韩原（今山西河津与万荣两县之间的黄河东岸一带）击败晋军。晋惠公被秦军所擒，秦的势力深入到河东地区。这次失利促使晋国增加军事税赋，并改革兵制以图强（即所谓的"作爰田""作州兵"）。此后，秦、晋两国之间多次交战，晋国在大部分时间里占据着优势。欲称霸中原，秦国必须借道晋国，于是，晋国成为秦国势力扩张途中的主要障碍。

公元前 643 年（鲁僖公十七年），齐桓公去世，随后引发齐国公室的政变和君位继承危机，齐国的霸主地位迅速下降。*齐

---

* 齐桓公死后，原定由公子昭继位，但其他几个公子也趁机争夺权位，公子昭被迫逃到宋国。宋襄公信守公元前 651 年齐桓公生前在葵丘（今河南兰考县）盟会上对他的托付，联合卫、曹等国攻打齐国，扶公子昭即位，是为齐孝公。（译者注）

国国力的中衰为楚国继续北扩提供了可乘之机，最终，楚国与北方霸主晋国、西方霸主秦国遭遇。从晋文公元年到秦穆公去世这段时间可能是霸主政治时期最为华美绚烂的一章。楚、晋、秦三国分别在英明国君的统率下，投身到扑朔迷离的国际争斗之中，上演了一幕幕中原逐鹿的大戏。他们轰轰烈烈的争霸事业为中国历史上的史学和文学创作提供了取之不竭的素材，但也为那些试图确定该时期究竟有几位霸主的史学家带来了难题。因为在整场较量中，楚、晋、秦三国之中没有哪个国家能够独占鳌头。不过，可以肯定的是，中国大地上的四个战区在该时期已经合并归一，现在，这些地区性霸主第一次不得不在一个更加广阔的舞台上展开直接的较量。

　　然而，秦国称霸的时间并不长久。公元前 628 年（鲁僖公三十二年），秦国遭大军攻打郑国。对秦国来说，这是一次致命的错误。郑国远离秦国（两国都城相距约 580 公里），并且两国之间的地区处在晋国的控制之下。结果，秦军不但整个征伐无功而返，而且在回师途经崤山隘道（今河南陕县东）时，遭到晋军伏击，整个秦军共三百乘战车被一举歼灭，其主帅孟明视、西乞术与白乙丙被活捉。这次战役是霸主时期少有的几次大规模战争之一，也是全民战争时代到来之前屈指可数的以全歼敌军为主要目标的战争之一。[1] 全歼秦军很可能也是晋军事先所预期的效果。

1　《左传》和该时期的其他历史文献经常用战车的数量来描述春秋时期战争的规模及死亡人数。一般认为，当时一辆战车配备的步兵人数在 30—75 之间。

正如晋大夫先轸在与其他大臣争论是否应该袭击秦军时所说，倘若晋国不抓住这一天赐良机消灭秦军，秦国日后必成晋国之大患。[1] 天遂其愿，这次战争很可能给秦国军力带来了重创。经此一役，秦国虽然还能保持住"霸西戎"的地位，却已无力再与晋国抗衡。在此后一百多年的时间里，它都未能将其势力影响重新扩张到中原地区。换句话说，在齐、晋、楚、秦四国的交锋过程中，秦也继齐之后沦为一个二流强国。东周国际政局进入了晋、楚争霸阶段。

秦国败退回西方后，有能力逐鹿中原的只剩下楚、晋两国。可能因为是受当时以周室为中心的历史叙事观念的影响，在传统史家笔下，我们会得到这样一个印象：两国争霸的大多数时间里，都是晋国处于上风。那些史书的材料大多来自《春秋》和《左传》，而两者均出自中原鲁国的史官之手。和鲁国一样，晋国也是周王室的同姓封国，而楚国一直被中原国家视为蛮夷之邦，因此，他们在描述晋、楚争霸史时的偏见是显而易见的。故而，我们想用一些客观的数据来比较一下二国的相对实力。首先，我们知道郑国地处晋、楚两国之间，是一个有一定实力的二流强国。晋、楚两国虽然能够压迫郑国臣服却无力一下子灭掉郑国。因此，他们均想把郑国作为跳板而把自己的势力伸向对方。这样，当郑国与

---

1 《左传》僖公三十三年记载的先轸的原话是："秦违蹇叔，而以贪勤民，天奉我也。奉不可失，敌不可纵。……一日纵敌，数世之患也。（秦国国君不听大夫蹇叔的劝告，出于贪婪而辛苦百姓、劳师远征，这是上天给予我们的机会。上天赐予的机会不可错失，不能放敌人过去。……今天放过敌人，就会留下数世之患。）"

楚国结盟时，晋国就率军攻打郑国，而当郑国与晋国结盟时，楚国就会进犯郑国。因此，春秋期间郑国被迫反复在晋、楚两国之间选择盟主，整个晋、楚争霸史可以说就是一部两国对郑国的争夺史，而郑国与某一国家结盟时间的长短从一个侧面则能体现出晋、楚二国的实际国力。我们知道，楚、郑两国都城之间的直线距离约为 460 公里，而晋、郑两国都城之间的直线距离只是这一距离的一半左右。可是，在公元前 643 年（该年齐桓公去世，笔者将这一年作为齐国开始衰弱、楚与晋两国在争霸中开始占据优势的标志性年份）到公元前 546 年（晋、楚弭兵）这九十七年中，郑国与楚国结盟的时间为 49 年，与晋国结盟的时间为 48 年。这两个数字表明，在这段时间里并不存在一国独霸的局面，如果不是对楚国更有利的话，楚、晋两国之间的对抗至少也是一场势均力敌的较量。

倘若上述比较显示晋国在晋、楚争霸过程中肯定不占上风，那么，我们收集的其他证据则显示晋国不仅不占上风而且明显处于下风。我们知道，一个国家在一定时间内主动攻击他国的次数越多，该国家的总体实力就可能越强大。以此作为指标，在整个春秋时期，楚国主动发起的战争有 111 次，而晋国主动发动的战争仅有 90 次。更次者，在同一时期，齐国主动发起的战争有 70 次，秦国仅 44 次。这些国家的军事实力由此亦可分其轩轾高下。

此外，由于当时军事的后勤运输能力极其有限，因此春秋初期的大多数军事争端均发生在邻国之间。从这个角度来说，主动

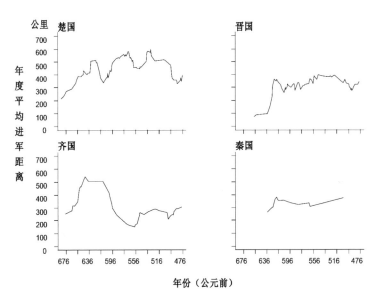

图二　春秋时期楚、晋、齐、秦四国平均进军距离的变化

发动战争一方军队的平均进军距离可以体现该国实力之强弱。我们从图二中可清楚地看出，齐国军队的进军能力在齐桓公死后不久便从顶峰时的约 500 公里下降到 300 公里左右，秦国军队的进军能力因在进军中原途中受到晋国的阻挡而在整个春秋期间始终保持在 300 多公里。晋国军队的平均进军能力明显高于齐桓公死后的齐国，略高于秦国，但基本稳定在三四百公里之间。相比较而言，楚国在公元前 650 年以后的军队进军能力基本保持在 400 至 600 公里之间，大大高于其他三个大国。

从以上任何一个角度来看，晋国在与楚国长达百余年的争端中不但不占优势，而且可能还处于劣势。从总体上说，我们多少可以得出这样一个结论：整个春秋时期大国之间的争夺基本上维持着平衡格局，像今天美国这样一霸独步天下的国际秩序在春秋时的中国很少有过。

效率驱动型文化的兴起

以宗法理念为依据，西周王朝的创建者们制定了一套复杂的礼仪体系以规范贵族在各种社会场合中的行为。经过数百年的发展，这套礼仪变成政治文化的重要组成部分；在春秋初叶，贵族的行为仍然受到这些礼仪的重大影响。例如，《春秋》一书中就经常对那些言行守礼的诸侯国君或卿大夫大加赞誉，而对那些亵渎败坏周礼的人则严辞谴责。这些记载间接地反映了当时周礼在社会生活中的重要影响。然而，为了在绵延不断的战争中存活下去甚或壮大起来，一国之主就不得不将赢得战争或苟活保命作为首要目标。这样，由战争而引发的冲突／竞争就刺激了效率导向型的工具理性文化首先在战争行为中，继而在其他社会领域中的兴起。

封建礼仪道德对战争的影响从公元前 638 年著名的宋、楚泓水（今河南柘城西北）之战中宋襄公（前 650—前 637 年在位）的表现上可窥见一斑。战斗开始之前，宋国军队已经在泓水北岸严阵以待，而楚国军队当时正在奋力涉水渡河。子鱼（宋国司马，宋襄公同父异母兄）建议说："彼众我寡，及其未既济也，请击之（敌众我寡，趁着他们还没有全部渡过泓水，请您下令进攻他们）。"而宋襄公却拒绝此先发制人之计，其理由是："君子不重伤，不禽二毛。古之为军也，不以阻隘也。寡人虽亡国之余，不鼓不成列（君子打仗，只要敌人已经负伤就不再去杀伤他，也不俘虏头发斑白的敌军老兵。古时候指挥战斗，是不凭借险要地势的。寡人虽然是已经亡了国的商朝的后代，但也不会主动去进攻还没有列好阵势的敌人）。"就这样，宋国军队在静等楚军全部安然渡河并摆好阵势之后才发起进攻。结果，宋军大败，襄公所有的卫兵（门官）都为保卫他而身亡，宋襄公本人腿部也被射成重伤，不久就死去了。

　　实际上，在泓水之战发生时，社会上重规守礼的行为已经大量消失。就连《左传》这样一本推崇礼仪的书籍都从正面的角度记述了子鱼对宋襄公的辩驳，子鱼说：

　　　　……伤未及死，如何勿重？若爱重伤，则如勿伤；爱其二毛，则如服焉。三军以利用也……利而用之，阻隘可也……鼓儳可也。（……如果受伤的敌兵仍然活着，那么我们为何不可将其杀死？如果我们对受伤的敌兵心怀仁慈，那么还不如起初就不下手；如果我们怜悯敌军中头发花白的老兵，那么还不如向他们投降算啦。三军应该凭借有利的条件来作战……抓住有利的机会就使用，在险要之地伏

　　击敌军并没有错……在敌军没能列好战阵之前袭击他们同样也没有错。)（见《左传》僖公二十二年）

　　很显然，在子鱼对战争的理解中，工具理性或者笔者在上文所说的效率导向观念已经占据主导地位。概括而言，一旦陷入胜负判然两分的反复对抗状态中，敌对双方很快就会被迫寻找最有效的策略以占得上风。因此，尽管春秋战国时代初叶的战争仍然带有浓重的礼仪色彩，但随着战争的延续这种色彩很快便消褪了。

　　前已述及，晋、楚、齐、秦等国之所以在霸主竞争中取得优势，在很大程度上是因为它们都是率先在战争中讲效率而轻礼仪的国家。比如，在宋、楚泓水之战后不久，晋、楚之间和晋、秦之间同在公元前 627 年发生了战争。让我们来看一看这些大国在战争中是如何表现的。晋、楚战争时两国军队对峙在泜水（即今沙河，在河南平顶山市地区）两岸，因为怕对方袭击，双方均不敢贸然渡河攻击对方。在相持中晋军主帅阳处父派人去见楚令尹子上说：

　　　　……子若欲战，则吾退舍，子济而陈，迟速唯命，不然纾我。老师费财，亦无益也。(……你们如果想过河来战，那么我军就退后三十里地让你们渡河列阵，什么时间开战则由你。不然，你后退我渡河。否则你我两国军队长期对峙耗在这里，多费钱财，于双方都不利。)（见《左传》僖公三十三年）

楚军本来想渡河，因怕晋军不讲信用，半渡而击，因此答应楚军后退，让晋军渡河。可能也是怕中楚军的计谋，在楚军向后撤退后晋军依然不敢冒险渡河，乘机宣称楚军逃走了，捞足面子后就班师回国了。晋、秦之战就是前面已经提到的晋军伏击秦军的崤之战，晋军在此战中采取了为西周战争礼仪所不齿的隘道设伏策略，几乎全歼秦军主力。

大国趋利弃礼在前，小国则群起效尤于后。下面我们就以郑国为例来看看霸主国家之间的对抗是如何在一些二等国家中加速效率导向型文化的发展的。正如前文所提到的，郑国长期以来一直处于晋、楚两国军事冲突的风口浪尖，而且在整个霸主时期，郑国都不得不见风使舵，在晋、楚两霸之间来回摇摆。在霸主时代早期，一旦郑国与晋、楚两国之中的一个结盟，另一个就会兴兵伐郑。但郑国并不会因为这个国家的讨伐而马上退让。也就是说，该国必须击败郑国，至少是兵临郑都才能迫使郑国转投自己一方。不过，随着晋、楚两国频繁地交相胁迫郑国与自己结盟，郑国对待结盟的态度也变得实用主义起来。比如公元前598年，因郑与晋结盟，楚国于是出兵伐郑。然而，在楚军尚未抵达郑都新郑之前，郑国却已决定改与楚国结盟了。郑国公子子良说明了这样做的理由："晋、楚不务德而兵争，与其来者可也。晋、楚无信，我焉得有信？（晋、楚两国都不致力于修明道德而把霸权建立在军事力量之上。晋、楚两国不讲信用，我们何必要讲信用呢？因此，它们谁来攻打郑国我们就听谁的就是了）。"（见《左传》

宣公十一年）

公元前 564 年，同样的事情再次发生。一开始，晋国联合其他七个诸侯国攻打郑国并迫使郑国与其结盟。晋国大夫士弱要求在盟书上增加如下声明："自今日既盟之后，郑国而不唯晋命是从，而或有异志者，有如此盟。（自今天结盟之后，如果郑国不听命于晋国，或者怀有二心的话，结盟的其他国家就依据盟约惩罚郑国。）"这时，郑国公子騑就赶忙走上前去，坚持要求增加如下条款以作为回应：

> 天祸郑国，使介居二大国之间，大国不加德音而乱以要之……自今日既盟之后，郑国而不唯有礼与强可以庇民者是从，而敢有异志者，亦如之。（上天降祸给郑国，让郑国夹在两个大国中间。大国不但不善待我国，反而发动战乱来要挟我国结盟，……从今天结盟之后，郑国要是不听命于讲究礼义而且强大到可以保护我们郑国民众的国家，那么郑国将按照该盟约甘受惩罚。）（详见《左传》襄公九年）

不出所料，晋、郑刚刚结盟，楚国马上前来讨伐郑国，郑国于是再次转与楚国结盟。在一次关于郑国外交政策的宫廷争论中，郑国的两名大夫对自己国家在晋、楚两强之间表现出的来回摇摆、反复无常的姿态颇不自在，但他们的争辩立刻遭到另外两位更有权势的大夫的反驳："吾盟固云：'唯强是从。'今楚师至，晋不我救，则楚强矣。……背之可也。（我们与晋国的盟约上原本就约定我国只听命于强国。如今楚国来攻打我们而晋国却没有按照盟约所定前来援救，这说明楚国更强。……因此我们并没有真正违背与晋国的盟约。）"

晋、楚两强构成的军事压力促成了实用观念在郑国政治家群体中的流行。因此，毫不奇怪，郑国在公元前 536 年"铸刑书于鼎、以为国之常法"，成为第一个正式公布成文法的诸侯国家，并在春秋诸国中率先进行一系列改革。同样，郑国的政治环境也为产生像子产这样达权善变而注重实用，并开启后世法家改革之先河的政治家提供了土壤。准确地讲，郑国的政治文化之所以日益变得实用主义，就是因其不利的地缘政治位置而遭受比其他国家更为严重的军事威胁。

郡县制的产生

霸主时期，诸侯列国弱肉强食，纷纷开疆辟土。随着领土的扩大，如何管理新占领土的问题于是接踵而至。在这个问题上，这一时期的历史发展呈现出两种非常不同的趋势。第一种是去封建化的科层体制的发展，具体说，就是由诸侯国国君委任官员来进行管理。第二种是二级和三级封建化趋势。这里所谓的二级封建化，是指诸侯国君将新占领土或新近收复的领土分封给公室家族成员或有才干的卿大夫，作为他们的领地采邑。[1] 鉴于上述两种新生结构及其发展趋势对后世政治所产生的巨大影响，本书在接下来的两部分中将对其进行专门讨论。

郡县制度并不是凭空产生的。早在西周时期，周王室就已经派出官员前去管理直接受其管辖的王畿，当时这种地域被称作"县"（吕思勉，1998：第 25 页）。到春秋战国时代，在战争驱动型冲突／竞争中占据上风的国家大大扩张了自己的领土。为了统治新占领土，一些诸侯国的国君便专门任命了统辖该领地的官员，县制由此产生。[2] 霸主时期置郡县的国家主要有楚国和晋国。此外，在关于同时期的秦国和齐国的历史记载中，我们也可以看到一些关于"县"的记录。在后两个国家中有关县的记录十分简单，使我们很难了解它的性质，但是有一点十分清楚，即，由于是军事扩张的产物，因此县制最早大多数为霸主国家所采行。

在《左传》中，关于县制的记录最早出现在公元前 676 年（鲁

1　公元前 6 世纪，在某些中原地区的诸侯国中还出现了三级封建化的现象（卿大夫进而将自己的领地分封给他的家臣作为采邑）。三级封建化导致卿大夫的权力转降到其家臣手中，并在一些中原地区的诸侯国，比如鲁国，引发了一些政治动乱。尽管如此，就其对春秋战国时代历史演变的影响而论，三级封建化与二级封建化相比几乎不可同日而语。因此，本书将主要关注二级封建化及其带来的相关问题。
2　县制有时也称作郡县制。郡作为一级行政管理单位出现的时间比县稍晚。郡最初出现时大多分布在人口稀少的边远地区。因此，尽管郡在管辖面积上要比县大，其地位却比县低。后来，随着边远地区人口规模的增长，郡下开始设县，县由此变成由郡管辖的下一级行政管理单位，郡则逐渐演变成更高级别的行政管理单位，由此形成了郡县制。

庄公十八年）。这一年，楚武王（前740—前690年在位）灭掉了权国（今湖北当阳县东南）[1]，后在其故地设县，并派遣斗缗前去管理。几乎可以肯定的是，这绝非楚国第一次采行县制。《左传》记载了公元前478年（鲁哀公十七年）楚惠王（前488—前481年在位）与子谷、叶公（子高）之间的一次对话。当时，楚惠王向两人征求率军攻打陈国的将帅人选。子谷推荐了两个人，叶公却以这两个人名声不佳为由予以反对。子谷于是反驳道："彭仲爽，申俘也，文王以为令尹，实县申、息（从前彭仲爽曾经做过申国的俘虏，但楚文王却任命他为令尹。后来，正是彭仲爽灭掉了申国和息国，并将这两个国家纳并为我们楚国的两个县）。"这说明楚国分别在公元前688年、683年灭掉申国和息国时便采取了县制和择优录取的官员选拔办法。

根据《左传》的记载，县制在晋国出现于公元前635年以及不久后的公元前627年。到公元前6世纪中叶，晋国的大部分领土已被纳入县制的管理体系之下。晋国之所以在采行县制上晚于楚国（至少在史籍记载中如此），可能是因为当楚国正野心勃勃地兼并他国领土时，晋国还深陷于宫廷内斗和君位继承的危机之中。直到晋献公（前676—前651年在位）及后来晋文公在位时，晋国的内政才稳定下来。除晋、楚两国之外，秦、齐两国在

---

1 公元前704年楚国国君熊绎自立为王（即楚武王），表示自己的地位与周王平起平坐。后来吴、越两国的国君也称王。因此，在霸主期和转型期，其他诸侯国家的国君只称"公"或更低级别的爵位，唯有周天子与楚、吴、越三国国君的称号为"王"。

同一时期可能也已经采行了县制。譬如，《史记》就简短地记载了秦国分别在公元前 688 年、687 年灭掉几个小国之后建立县制的史实。我们从出土的叔夷青铜钟上的铭文（《齐侯铭文》）中知道，公元前 567 年，叔夷率军灭掉莱国之后，齐灵公（前 581—前 554 年在位）将三百个县赏赐给了他。

　　上述国家所采行的县制肯定有相当大的差异。从《史记》简短的记载中我们几乎不能了解秦国县制的具体设置情况，但从几百年之后商鞅变法时秦国中央政府的结构仍然非常简单这一事实不难推断，霸主时期秦国的县制尚处于相当粗糙简陋的水平。从叔夷青铜钟铭文中可以看出，当时齐国所谓的县含括的地域肯定是非常小的。道理很简单，倘若齐国的县的地域比较大，齐灵公就不可能一次赏给叔夷三百个县。很有可能，当时齐国的县只是封建主领地的一个单位而已。即使在县制已经相当发达的楚、晋两国（因此我们才对其有着比较详细的了解），其县制也是异中有同。[1] 其相同之处在于，在这两个国家中县既是一个行政管理单位，又是一个军事单位，县的长官同时也是当地的最高军事长官。霸主时期"县"的这种军事性质给当时的政治带来很多的动荡因素，尤其是在楚国，因为楚国的县管辖范围更大并领有数量

[1] 笔者在此处之所以强调众诸侯国所采行的县制之间的差异，是因为行政结构更加科层化的国家都获得了更高的政治稳定性，并赢得了更多的战争。由此带来的内政外交上的差异促进了诸侯列国之间的相互学习与借鉴活动，科层体制也因此而逐渐得到推广。

更多的军队。该时期楚国发生的几次重大政治变故的祸端都在于楚王与县尹之间的冲突，原因正在于此。部分地为了化解因县制的军事性质而加剧的政治不稳定问题，后来全民战争时期的法家改革者们便将县转变为一级纯粹的行政管理单位。当然，晋、楚两国的县制也存在若干差异。大体而言，随着时间的推移，楚国的县制很快就演变成由委任的官员进行管理的科层化体制[1]，而晋国县制的科层化进程则缓慢得多。此外，楚国的县直接处于楚王的控制之下，楚王因而拥有更强大的权力，而晋国的县则大多由各级封建领主直接控制。[2] 正如我们马上就要看到的，在晋国，随着封建领主们对其领地控制权力的巩固，国君的权力日益被削弱。

二级封建化

尽管有一些值得注意的例外（Hsu，1999；吕文郁，1998），大多数中国的历史学家都认为西周时期存在着三个层级的封建结构（周王—诸侯国君、诸侯国君—卿大夫、卿大夫—家臣）。然

1　见顾德融、朱胜龙（2001：第 284 页）。

2　见赵鼎新（Zhao，2004）。凯瑟和蔡泳（Kiser and Cai，2004）依据三条韦伯主义的标准对霸主时期楚国是否存在过科层制度化现象提出了质疑。笔者在此想要强调的是，春秋时代楚国的许多县尹是由楚王根据他们的能力而被任命的，并且受到楚王的监控，其职位也不能由子孙世袭（李玉洁，2002；第 122—138 页）。因此，楚国的科层制度至少符合韦伯关于科层制的三项标准中的两项。

而，西周时期大部分诸侯国只是些军事据点而已，领土范围很小，很少有可能将其进一步划分为领地来分封给宗室成员或家臣。二级（以及三级）封建化现象，很可能是到春秋战国时代，这些封建国家大量扩充自身的领土之后才出现的。但即使是在春秋战国时代，也并非所有进行军事扩张的诸侯国都出现了二级封建化现象。例如，楚、秦两国都在新占领土上采取了直接委派官员来管理的办法，因此，这两个国家中的封建化趋势相对而言比较微弱。与之相反，晋国和中原地区的几个主要诸侯国如齐、鲁、宋、郑、卫等国却都出现了二级甚至是三级封建化现象。由于三级封建化在许多方面与二级封建化相似，而其对春秋战国时代历史演变的影响又远逊于二级封建化，因此，下面我们将重点关注霸主时期二级封建化的发展及其对社会演化所产生的影响。

二级封建化趋势在公元前 7 世纪下半叶达到了高潮，而县制也大致在同一时间登场。二级封建化趋势在这一时期达到顶峰是很自然的现象，因为众多一等和二等强国在这一时期都已经大大地扩充了自己的版图，并因此而产生了怎样管理这些新占领土的问题。除设置郡县外，将新占领土作为领地赐封给亲信或家族成员，当然不失为一种应对之策。二级封建化的浪潮在公元前 7 世纪之后便消退了，原因在于那些在二级封建化过程中兴起的世卿贵族的权势已经羽翼丰满，逐步操纵了诸侯国的政局，产生新的世卿贵族的可能性因而大大降低。接踵而至的三级封建化则大多发生在公元前 6 世纪，因为此时某些世卿贵族已经取得了足够多的土地，可以将其分封给自己的家臣。

公元前 7 世纪时的二级封建化有两种类型。在第一种类型中，诸侯国君把新占领土赐授给那些拥有战功的军事将领，这种情况出现在晋国。比如，公元前 661 年晋国灭掉耿国和魏国后，晋献公便将两国领土分别赏赐给在这次战争中居功至伟的两名将军——赵夙和毕万（《左传》闵公元年）。再如，晋文公回国即位之后，就慷慨地将土地分封给几名在他长达十九年的流亡生涯中一直随侍左右的功臣。因此，晋国的二级封建化明显地带有某种不由血统出身决定的择优授封的特征。在第二种类型中，新占领土被赐封给国君公族的成员。其中最为典型的例子是鲁国的二级封建化过程，即"三桓"的兴起，所谓"三桓"是指鲁桓公（前711—前 694 年在位）的三个小儿子。故事经过大致是这样的：鲁庄公（前 693—前 662 年在位）去世后，他的三个弟弟（即庆父、叔牙、季友）便为争夺君权展开了残酷的斗争，结果，鲁庄公的两个儿子公子般和鲁闵公，以及他的两个弟弟庆父和叔牙都先后在政争中被杀死。直至公元前 659 年季友扶立鲁僖公即位，鲁国政局才趋于稳定。作为对季友的报答，鲁僖公将汶阳之田及鄪邑赐予季友。*可能是为了平衡三家，季友又建议鲁僖公将另外两个地方分别赐给了庆父和叔牙的后代，于是就有了"三桓"。其中，

---

* 汶阳之田是指汶水北边的土地，古人将山的南面、河流的北面称为"阳"。鄪邑在今山东费县境内。（译者注）

季友的后代称作季孙氏，庆父的后代称作孟孙氏，叔牙的后代称作叔孙氏。

在霸主时期，尽管科层制度化现象和封建化现象同时存在，但后者却成为塑造该时期历史演变的主导性力量。尽管各国的二级封建化在性质上有所不同，但经历二级封建化过程的国家最终都遇到了同样的问题：随着时间的推移，世卿贵族的权势则愈来愈大，与国君的关系则越来越远。这种权力结构的变化引发了诸侯国君与世卿贵族之间的冲突，而两者之间冲突的日益加剧，导致了包括霸主体制在内的整个封建政治制度的危机。

第八章

转型期

（前 546—前 419 年）

在霸主时期成长起来的封建关系，随着时间的推移出现了许多内在矛盾，这些内在矛盾的发展反过来则导致了霸主体系的解体。转型时期因而成为一个衰亡与新生并存的时期。它发端于封建危机的日益深化——这个过程导致了许多诸侯国公室的权力向下转移到世卿贵族手中，甚至出现公室垮台的现象（如"三家分晋"和"田氏代齐"）。但也正是在封建秩序的瓦解过程中，我们看到一种崭新的国家形式——科层制国家在中国大地上的出现。过不了多久，这些新式科层制国家就将争先恐后地运用刚刚获取的巨大的组织能力，来推动进一步的改革、发动更有效率的战争。这个过程为秦国统一中国铺平了道路。因此之故，本部分的讨论从封建危机开始。

封建危机

在各诸侯国内，由二级封建化引起的封建危机都有着相似的发展过程。比如在晋国，自晋灵公（前 620—前 607 年在位）被赵穿杀死于桃园以后，公室与世卿贵族，以及世卿贵族之间的斗争就此起彼伏、不绝如缕。到晋平公（前 557—前 532 年在位）即位时，晋国的政治已几乎完全被六大"卿族"所垄断。在鲁国，鲁文公在位时，"三桓"开始把持朝政，到公元前 562 年，"三桓"瓜分了鲁国的军队，此后鲁国国君便没有了直接听命于他的军队。在齐国，从齐惠公（前 608—前 599 年在位）去世以后，权力也日益向国、高、田等贵族势力倾斜。公元前 7 世纪中叶，齐国世卿贵族的势力如此炽盛，以至于从公元前 553 年到公元前 481 年间相继即位的五位国君之中，就有四位被他们弑杀。我们把这种因君主与贵族之间或贵族与贵族之间的争斗而不断加深的政治危机，称之为封建危机。

在研究中，我们十分感慨春秋各国的国君被贵族势力杀害者竟有如此之多。逻辑还告诉我们，如果贵族势力的增强的确是造成封建危机的最大根源的话，春秋时期国君被杀害的百分比很可能与该国贵族势力的强度成正比。为了证实这一假设，笔者对春秋时代九个国家中贵族势力的大小与该国君权继承危机之间的相关关系做了统计分析。这九个国家是：晋、秦、楚、齐、郑、鲁、宋、卫、周。之所以选择以上九个国家，是出于以下几个方面的考虑：

第一，我们假定一个国家越强大，主动出战攻击他国的次数也就越多，因此我们把主动出战的次数作为选择国家的一个标准。在上述九个被选中的国家中，宋、卫、周三国主动出战的次数最少，分别为 35、18 和 7 次。许多历史学家把陈、蔡、曹三国也列入春秋时期的重要国家之列，但我们的统计显示，在整个春秋期间这三个国家加在一起仅主动攻击过他国两次。第二个方面的考虑是上述九个国家作为春秋战国时代的重要角色，史籍文献对其政权继承和其他方面的情况记载得比较详备。比如，吴、越两个大国虽然分别发动了 26 次和 2 次战争，但仍然没有被纳入统计分析，原因在于当这两个国家在公元前 7 世纪崛起时，封建制度业已病入膏肓；况且，与其他国家比较起来，我们对它们的历史也所知较少，因此在计算中我们也排除了这两个国家。

统计分析中所用的关于国家政权继承危机严重程度的数据来源于《左传》和《史记》的相关记载。由于一个国家中贵族的势力通常随着贵族世家延续时间的增加而增长，因此，笔者使用一个国家中所有贵族世家延续的世代总数作为测量该国贵族势力强度的指标。比如，如果某国有三个贵族世家，其中一个延续了九代，另两个分别延续了五代，则该国贵族势力的强度则合计为 $9 + 2 \times 5 = 19$。[1]

1　贵族势力强弱程度的资料来源于：何怀宏，《世袭社会及其解体》，北京，三联书店，1996，第 202—203 页。

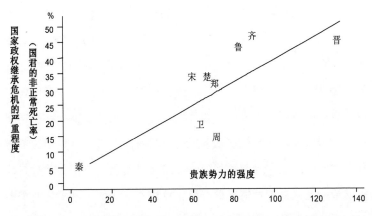

图三 春秋时期主要国家的国君非正常死亡率与该国贵族势力强度的关系

如果我们把各国贵族势力的强度作为自变量，各国国君的被害死亡率作为因变量，然后做回归分析，两者之间的关系显得非常清楚。图三表明，在一个国家中贵族势力的强度与该国政权继承危机的严重程度之间存在非常强的正相关关系（$r^2 = 0.66$，即这九国国君的被害原因有 66% 能被贵族势力的强度所解释）。图三同时还显示，在整个春秋战国时代，鲁、齐、晋三国（这三个国家的二级封建化进程也走得最远）均有接近半数的在位国君被杀。图三所显示的回归方程的残差同样可以通过相关史实来进一步解释。我们还能解释那些没有被回归曲线所预测的各国国君非正常死亡率的差异。比如，与其他国家相比，周的贵族势力虽然相对较强，但周天子的非正常死亡率却处于比较低的水平。这是为什么？我们知道，当时的霸主国家经常对小国的政权继承问题进行干预，由于大国插手小国事务时总是倾向于关注对自己有利的一些短期利益，从长期后果来看却往往导致小国政局的动荡。但周却与众不同，自成一类。在霸主时期，大国为了能够挟天子以令诸侯，首先需要维系周王朝在名义上的统领天下的道德力量，而这种道德力量的源泉之一即为王位继承的合法性。因此，在《左传》和《史记》中，我们经常能看到大国主动干涉周朝的王位交替问题，以保证王位能够传承给各国都能接受的合法继承人。在《左传》昭公二十四年（前 518 年），甚至有这样一则记录：当时周室王子朝与敬王为争夺王位而产生了军事冲突，而晋国因六卿离心而无暇顾及，这时郑国游吉（子大叔）就在访问晋国时指责了晋国的消极态度："诗曰：'瓶之罄矣，惟罍之耻。'王室之不宁，晋之耻也（《诗经》上说：'酒瓶空空，就是酒坛子的耻辱（出自《诗经·小雅·蓼莪》）。'周王室不安宁，这是晋国的耻辱）！"在子大叔的指责下，晋国执政范献子不得不决定出面干涉周朝政局。由于大国随时可能出面干涉，周王室贵族在操纵王位继承或争夺王位时不得不有所顾忌，这就大大降低了周朝国君被贵族害死的可能性。

春秋时的国君不可能懂得这一统计规律，但他们显然知道贵族势力的强弱与王权地位稳乱之间的关系。我们在史料中看到，郑国共叔段筑京城而叛[1]、晋国大夫士蒍反对晋献公为太子及公子夷吾与重耳的采邑修城[2]、孔子堕三都[3]、申无宇用"尾大不掉"形容贵族势力过大所产生的危害[4]，这些记载充分显示了春秋时的国君与政治家均清楚地知道贵族势力过大会对君权造成危害。这一共识为战国时期各国大力推进科层体制提供了动力。但在春秋时期，在二级封建化过程发达的国家中，国君与贵族之间的斗争一般均以贵族的胜利而告终。孟子曾对春秋时期这种贵族与公室之间的斗争、贵族之间的斗争以及贵族与其陪臣之间的斗争有过很好的概括："今之诸侯，五霸之罪人也；今之大夫，今之诸侯之罪人也。"[5]在这一阶段，我们不得不静待历史规律根据它自己的节奏展开。

在发生了封建危机的国家中，一般来说，国家越大，危机的规模就可能越大。原因很简单：国土越大，封建贵族的领土与势力也可能越大。此外，国土越大，能争夺的剩余土地也越多，封建贵族的野心也可能随之增大。因此，与其他诸侯国相比，晋、齐两国的封建危机要深重得多。在所有发生封建危机的国家之中，晋国无疑是对当时整个时局的演变最为关键的一个。正是晋国的

1　见《左传》僖公元年（前 659 年）。

2　见《左传》闵公元年（前 661 年）及僖公五年（前 655 年）。

3　见《左传》定公十二年（前 498 年）。

4　见《国语·楚语上》。

5　见《孟子·告子下》。

封建危机引发了霸主体系的瓦解和后来的改革浪潮；而且，后来"战国七雄"中的韩、赵、魏三国就是在公元前 453 年"三家分晋"时形成的。故而，在接下来的几个部分中，我将会对晋国的封建危机及其一系列后果做更为细致的考察。

封建危机对战争的掣肘

由于领土扩张直接带来了二级封建化的种种问题，因此许多国家在二级封建化问题日益突出之后便不再热衷于开疆辟土，战争的性质也随之起了很大的变化。在霸主时期初叶，发动战争的主要目的在于灭国兼土。随着二级封建化的问题逐步凸显，被灭掉的国家的数量迅速下降。这就是为什么春秋时代大多数灭国事件都发生在公元前 7 世纪而不是在公元前 6 世纪的原因。比如，根据《左传》和《史记》的记载，在公元前 7 世纪晋国共灭掉 17 个国家（公元前 593 年以前晋国的封建危机尚未恶化），然而，从公元前 592 年到公元前 453 年之间长达一百多年的时间里，晋国仅仅灭掉了 3 个国家[1]，而且还将其攻占的偪阳送给了宋国。[2]

1　此处的两个数字均从《左传》的记载中统计得出，实际数目可能不止这些。被别国灭掉的国家数量之所以呈现下降趋势，未必是由于当时已无太多的国家可供大国鲸吞。事实上，直到全民战争时期很晚的时候，仍有许多小国存在。

2　事见《左传》襄公十年。（译者注：偪阳，《穀梁春秋》作傅阳，为妘姓小国，在今山东枣庄以南偏东。）公元前 530 年之后，晋兼灭他国之后所得的土地均为贵族私家吞并。

随着封建危机的加剧，将新占领土送给其他国家在当时并不是什么罕见的做法。一个广为人知的故事是，越王勾践（前497—前465年在位）灭掉吴国之后，将吴国的大部分故地送给了一些邻国，并将辅佐其成就一方霸业的两位重臣，一个杀死（文种）、一个逼走（范蠡）。史书上通常将勾践的这一刻薄寡恩之举归因于他的品性——"可以共患难，不可以共富贵"。但若持允而论，我们也许会发现勾践实际上是一位善察时变的政治家。在公元前473年越王勾践灭掉吴国时，晋国的封建危机正急剧加重，不久之后就会走到"三家分晋"的末路。勾践之所以将那两位功绩赫赫的大臣抛弃而不是对其封爵赐地，很可能是不愿看到越国重蹈晋国的覆辙。

晋、楚弭兵

公元前546年晋、楚两国会同十余个中小诸侯国举行了弭兵大会。该事件成为春秋战国时代的一个历史转折点。晋、楚休战加深了几个诸侯大国（特别是晋国内部）封建危机的程度，促进了封建国家最终向科层制国家的转型，标志着持续了将近两百年的霸主体系落下帷幕。在本部分，我们将对晋、楚弭兵的来龙去脉进行论述。

至少对晋国来说，弭兵大会是其国内发生的封建危机所造成的直接结果。自晋昭侯（前745—前739年在位）封其叔父桓叔于曲沃之后，晋国政治就始终风波不断。获封之后，曲沃一系的势力逐渐超过公室，他们先是在晋国国君的继承问题上不断横加干涉，接着更是不断地发起战端挑战晋侯。晋国两个政权之间的内战从公元前739年一直持续到公元前679年曲沃政权兼并整个晋国之后方告结束。这场旷日持久的内战给晋国后来的政治打上了深深的烙印。由于这场内战是因公族支系的势力过于膨胀而起，所以自晋武公（前679—前677年在位）统一晋国之后，晋国便一直努力防止任何可能会导致公族支系尾大不掉的态势发生。晋献公——晋武公之子和他的谋士士蒍费尽心机，陆续将桓叔和庄伯两个世系的后裔大量放逐或诛杀，以达到对这两个公族支系斩草除根的目的。[1] 士蒍甚至设法削弱晋献公的儿子们的权力，他做得如此决绝以致晋献公也颇为不满。[2] 在剪除公族强支的同时，晋献公还擢拔了一批异姓贵族——晋国之所以能够这样做，也是因为自西周初年晋建国以来当地贵族的势力一直就比较强大的缘

---

1 据《左传》庄公二十三至二十五年（前671—前669年）记载，桓叔、庄伯两族的势力强盛，威胁到公室，晋献公以之为心头大患，于是采纳大夫士蒍提出的"分而制之"的策略，首先引诱桓叔、庄伯两族互相残杀，待其两败俱伤之后，再将其一网杀尽。

2 例如，公元前661年，晋献公下令在曲沃为太子修建城墙。但坚固的城墙会大大增强曲沃城的防御能力，而这反过来可能会促激太子寻机叛乱，于是，士蒍就告诫太子说修筑城墙对太子本人来讲未必是件好事，并哄骗太子出逃。再如，公元前655年晋献公派士蒍为他的另外两个儿子——夷吾和重耳的采邑修筑城墙，士蒍暗自用木柴和泥土筑墙（这样城墙便不坚固而且易于燃烧）。晋献公得知此事后申斥了士蒍，然而，士蒍不但反驳了晋献公对他的责备，反而埋怨晋献公缺乏远见。见《左传》闵公元年、僖公五年。

故。[1] 这也正是公元前 661 年晋献公刚刚灭掉耿、魏两国后就将其分别赏给赵夙和毕万的历史背景。

　　然而，任何封建体制都有其内在的不稳定因素。尽管晋献公以及接下来的晋文公有效地铲除了公族的势力，但他们重用异姓贵族的政策到头来与重用公族一样有害。公元前 607 年晋灵公被赵穿杀死之后，世卿贵族的势力便不断上升。随后的时间里，晋景公（前 599—前 581 年在位）和晋悼公（前 573—558 年在位）在位期间，世卿贵族的势力的上升势头有所减缓，国君与世卿大臣之间的关系也相对融洽，虽然后者仍占优势。晋悼公死后，晋国的政治便完全落入"六卿"（范氏、智氏、中行氏、韩氏、赵氏、魏氏六家）之手。

　　晋国世卿贵族的权势如此之强，以至于一国之君在本国政治的角斗场上反而成了一个跑龙套的角色。在整个公元前 7 世纪甚至更长的时间范围内，晋国的重大政治冲突均发生在世卿贵族之间。鲁宣公十三年（前 596 年），晋大夫先轸的后代先縠被杀，其家族被灭。鲁成公八年（前 583 年），晋大夫赵同、赵括被杀，赵氏险些被灭。鲁成公十五年（前 576 年），在三郤的陷害下，晋大夫伯宗被杀，其子伯州犁逃往楚国。两年后三郤及其家族被灭。又一年后（前 573 年），谋害郤氏的主谋胥童被杀。最后，公元前 552 至前 550 年之间，范宣子灭了以栾盈为首的栾氏家族

1　详见前文对西周历史遗产的论述。

并杀害了与栾氏为亲的十个大夫。总之，在公元前 6 世纪中叶，随着晋国贵族互相倾轧、君臣离心，晋国贵族的主要关心点从在国际上称霸转移到了国内的争斗。这为晋国与其主要敌手楚国弭兵提供了可能。

楚国也想休战，但与晋国的原因不同。与晋国相比，楚国的科层制度更加完备，国家权力更加集中在国王手中。尽管我们对于楚国的科层体制尚缺乏系统的了解，但从现有的史料中，还是能够大致看出春秋战国时代第一波政治制度科层化之后楚国政治制度的科层化水平的。首先，不难理解，一个国家当时的官位名称留下来的越多，那个国家当时的科层体制也可能越发达。明朝董说撰写的《七国考》共记录了 91 种楚国官职。根据董说提供的这些官位资料的出处，我们可看出这些官职中至少有 64 种在春秋时就已存在。相应地，《七国考》中所记的秦国官职共有 72 种，但从这些官位资料的出处来看，这些官职中的大部分均产生在公元前 356 年和公元前 350 年秦国采行商鞅的二十级爵位制之后。《七国考》中所记其他国家的官职数量均大大低于楚、秦两国。

春秋时期楚国科层体制之发达还可以从另一个角度得到说明。《左传》宣公十一年（前 598 年）有这样一条记载："令尹蒍艾猎城沂，使封人虑事，以授司徒。量功命日，分财用，平板干，称畚筑，程土物，议远迩，略基趾，具糇粮，度有司，事三旬而成，不愆于素（令尹蒍艾猎在沂地筑城，派遣封人拟定工程的计划，报告给司徒。计量工程的规模，规定施工的日期，分配建筑材料和用具，取平夹板和支柱，规定土方和器材劳力的数目，研究取材和往返路程的远近，巡查城基的四周，准备粮食，审核监工的人选，整个工程用了三十天就完成了，没有超出预定的计划）"。

这段记载记录了楚令尹孙叔敖在沂地（今河南正阳县）负责修筑城墙一事。其中写到：孙叔敖派封人编制了工程计划，并把计划报告给主管工程建筑的司徒。计划包括了预计人工的多少，材料用具的分配，土方运输与筑墙人力的搭配，各段城墙建筑的水源与土源，确定监工人选，运筹粮食等等。该记录还不忘告诉我们整个工程仅在三十天内就完工了，没有超过原定计划。这一段珍贵的记录让我们不但了解到楚国高层科层体制的运作，而且，通过此文对整个计划的复杂性、筑城过程中各项任务的分工及整个工程计划的顺利完成的描述，我们还看到楚国中下层专家的素质。

与晋国国君相比，楚王被大臣所害的可能性要小得多。即使是楚王被害，在很多情况下也是被王子或其他对王位有一定合法继承权的家族成员所害。这类王位交替的困境在中国以后两千多年的农业帝国历史中始终是一个大问题，但这一问题与国内封建贵族势力的强弱关系不大。由于春秋时期楚国的大多数官职已非世袭，因此贵族很难对国王的权力形成严重威胁。事实上，根据《左传》的记载，从公元前 632 年到公元前 528 年，楚国竟有八位令尹由于战败、腐败或国王不信任等原因而遭杀害或被迫自杀。[1]
这再也清楚不过地说明，在春秋时期，楚王的权力始终大于贵族。

　　由于楚王的强势，长期以来一直困扰着晋国及一些中原国家
的严重封建危机并没有在楚国出现。那么，导致楚国寻求弭兵的
动力又是什么呢？通过对《左传》记载内容的解读，我认为楚国
可能是被地域政治压力推到谈判桌前来的。在春秋争霸时代的早
期，作为南方唯一的强国，楚国能把主要精力投入到争霸中原这
一目标上，但随着战争规模与区域的扩大，许多当时处在中原文
明边缘的国家也慢慢地卷入了以中原为轴心的战事。地处东南的
吴国即是这样一个国家。吴国第一次在《左传》中出现是在公元
前 584 年（鲁成公七年）。那一年《左传》记载了吴国入侵地处
吴都北边约四百多公里的郯国。一个国家在当时能进行 400 多公
里的长距离入侵，可见它当时已经实力不俗。《左传》同年还记
有晋国巫臣出使吴国的一段历史。巫臣曾是楚国的一个县尹，因
与楚王交恶而投奔晋国。在出使吴国时，巫臣代晋国送了吴国

1　公元前 632 年，令尹子玉所率楚军在城濮（今河南范县濮城）之战中被晋军击败，
　　子玉在得知楚成王（前 671—前 626 年）欲杀之以惩其指挥不力后自杀。公元前
　　627 年，令尹子上因被人诬陷而为楚成王所杀。公元前 605 年，楚庄王（前 613—
　　前 590 年在位）先杀掉令尹斗般，随后又杀死刚刚继任的令尹子越。公元前 575
　　年，令尹子反率军在鄢陵（今河南鄢陵西南）之战中败于晋军后被迫自杀。公元
　　前 568 年，令尹子辛因贪污被楚共王（前 590—前 569 年在位）诛杀。公元前 551
　　年，令尹子南及其下属观起被楚康王（前 559—前 545 年在位）所杀，罪名是观
　　起的马车所使用的马匹的数量僭越了他自己的等级。公元前 528 年，楚平王（前
　　528—前 516 年在位）杀令尹子旗，并将与子旗结好的养氏一族诛灭。

十五辆战车，带去了军事专家以教授吴人射箭和驾驭战车，并鼓动吴人背叛楚国。我们可以不考虑这类故事中一些细节的真实性，也无法准确地估计巫臣此次外交活动及其所带来的军事技术对于吴国的崛起究竟起到了多大作用（在吴、楚之间的战争中，水军起了重要的作用。在南方河流沼泽密布地带，战车的作用可能不会太大），但有一点可以肯定，吴国大约从此以后便开始对楚国构成日益严峻的威胁。公元前 506 年（鲁定公四年），吴国发动了一系列在当时也许是最具天才性的军事行动：这一年的十至十一月，吴国军队沿淮河长驱直入，向西推进了 1300公里左右，并在与楚军的交锋中连战连捷，最终攻克楚国都城，大破楚国。要不是秦国与越国分别在西北和东面两个方向对楚国进行支援和策应，雄踞南方的楚国很可能在这次战争中亡于吴国之手。因此，到公元前 6 世纪中叶，楚国在北方与东方两面受敌，势力有所损失。为摆脱这一局面，楚国当然也很希望能在北方弭兵。

希望息兵休战的不只是晋、楚两个大国，夹在这两个国家之间的那些中小国家对此更可谓如久旱之望云霓。这些国家经常为大国之间的战争而衣寝不安，因为晋、楚两国军队之间的大多数冲突就发生在它们的领土上。它们还因此被迫不断在强国的争霸战争和冲突中挑边站队。更糟糕的是，一朝它们与其中的某个争霸国家结盟，就会招致另一个争霸国家的军事打击；一旦与某个争霸国家结盟，它们就不得不向其贡纳军赋，并出兵参战。这些小国本身牺牲如此之大，却从战争中捞不到任何好处。[1]大国争霸，小国不得不付出惨重的代价。在这种背景下，公元前 580 年（成公十一年），宋国大夫华元开始穿梭于晋、楚之间，最终在第二年成就了两国的第一次弭兵。然而好景不长，仅仅三年之后，此次弭兵就由于楚国进攻晋国的盟国郑国而宣告破产，并在随后的一段时期里引发了晋、楚两强之间一系列的军事较量。而到公元前 6 世纪中期，楚、晋两国各自已是麻烦缠身，一次更加长久的弭兵于是呼之欲出。公元前 546 年，宋左师向戌出面斡旋，再次促成晋、楚等十余个国家在宋国举行了弭兵大会。

---

1 《左传》中多处记载和揭露了霸主国家强加给诸侯小国的沉重税负和其他义务。例如，公元前 649 年（僖公十一年），由于黄国国君拒绝向楚国贡纳税赋，楚国先是攻打并继而灭掉了黄国。公元前 570 年（襄公三年），由于楚国强加的税赋不堪承受，陈国于是背楚投晋。公元前 549 年（襄公二十四年），由于晋国强加的税负过重，郑国执政子产不得不致信晋国执政范宣子，要求晋国减低税负。小国与霸主国之间的军事同盟如何危害小国内政的一个最为典型的例子发生在郑国。公元前 564 年郑国背晋投楚，楚国要求郑国军队与楚军一同攻打仍然与晋国结盟的宋、卫、鲁三国。此后不断的战争耗尽了郑国的资源，并引发郑国内乱，导致郑国前后有三位执政在内乱中丧命。《左传》襄公十年还记载了郑国的两位大夫子展和子驷的对话。子展说："必伐卫。不然，是不与楚也。得罪于晋，又得罪于楚，国将若之何（我们一定要攻卫国，否则就是背叛了楚国。得罪了晋国，又要得罪楚国，打算把国家怎么办呢）？"子驷表达了他的忧虑："国病矣（我们郑国已经疲惫困乏不堪了）！"子展回答道："得罪于二大国，必亡。病，不犹愈于亡乎（得罪晋、楚两个大国，我们郑国必定会灭亡的，纵使国家疲惫困乏，不是也比亡国强吗）？"

霸主时代的终结

公元前546年的弭兵大会直接为已经存续了近两百年的霸主政治敲响了丧钟。但大多数历史学家却认为霸主体系与整个春秋战国时代相始终。传统史家给我们这样一个印象：随着弭兵大会之后晋、楚两国之间战事的平息，吴、越扛起了霸主的旗帜，因此，春秋的霸权政治终于吴、越的兴起与衰亡。这种看法与历史事实有较大的偏差。无可否认，在任何时代，一个国家强大后一般都会有控制他国的野心。但问题在于，吴、越二国地处南方一隅，向西发展因有长、淮两系水道相助，潜力很大，但往北方中原地区发展则无法借助中国东西走向的水道。以水军见长的吴、越二国即使在修了邗沟、菏水等以军事目的为主的运河后仍显得力不从心。因此，随着晋、楚弭兵，延续了近两百年的霸主政治走向了末路。下面我们为这一论点提供几个证据。

在争霸时代，一个国家取得霸主地位后，一般会召集诸侯举行盟会。因此，一个国家召集诸侯会盟的次数，以及前来参加会盟的国家的数量往往能够反映该国的实力。我们从《左传》的记录中可以看出，在强盛时晋、楚二国（特别是晋国）举行的结盟活动十分频繁。即使在弭兵大会后这两个国家力量相对衰落时，我们仍能经常看到他们与邻国结盟的记录。但在《左传》中，我们见到的以越国为主导的结盟记录仅有一次，那就是公元前468年（鲁哀公二十七年）越国与鲁国在平阳的结盟。以吴国为主导的结盟记录仅有两次。一次在公元前 487 年，吴国攻入鲁国后，鲁国被迫与之结盟。另一次在公元前 482 年（鲁哀公十三年），吴、晋及中原国家之间的黄池之会。但就在那一年越国军队已乘吴国北上争霸之际袭击并攻入吴都。吴国当时显然已扩张过度力不从心，因此遭越国攻击后实力迅速下降，并在公元前 473 年为越国所灭。吴国的争霸在历史上最多只能算是昙花一现。

在霸主政治下，当一个霸主要对另一个国家发动战争时，它往往会带领一些附庸国家的军队一起进攻他国。例如，晋国在鼎盛时有时能率领多达十三个国家的军队去对另一个国家发起战争。霸主政治下的这种战争性质，为我们检验春秋时的霸主政治在弭兵大会之后是否还继续存在提供了思路。如果弭兵大会后一次国际战争的平均参战国数量明显低于会前，并且十分接近于二（因为至少有两个敌对国家才能构成一次国际战争），就说明霸主政治在弭兵大会后已经垮台，否则我们就可以认为霸主政治还主导着当时的政治。因为晋、楚弭兵发生在公元前 546 年，所以我选择公元前 611—前 546 年与公元前 546—前 481 年作为两个对称的比较时间段。把比较时间段终止于公元前 481 年是因为这一年被许多历史学家定为春秋与战国时代的分界点。既然从公元前 546 到公元前 481 年总共 65 年，为了使比较能够对称，我们也从公元前 546 年往前推 65 年，于是得到公元前 611 年。

计算结果显示，弭兵大会之前，在由晋国或楚国发动的战争中，每次战争卷入的平均国家数为 4.0，但在弭兵大会之后，这个

数字则下降到 2.35。晋、楚两国在弭兵大会后霸主地位的下降是
显著的（p<0.0001）。问题是，随着弭兵大会后晋、楚霸主地位
的动摇，是否有别的国家正在迅速崛起并取代它们的地位呢？为
此我们选择了吴、越、秦、齐这四个最有资格取晋、楚而代之的
国家，并计算了这四个国家在弭兵大会前后发动的战争中所卷入
的国家数。结果显示，在弭兵大会之前，这四国在主动发动的战
争中每次战争平均卷入国家数为 2.14，而在弭兵大会之后这个数
字上升到 2.41，但上升幅度在统计上并不显著（p=0.13）。当然，
读者会指出，弭兵大会之后，真正有争霸实力的国家是吴国。为
此我们统计了弭兵大会前后在吴国攻击他国的战争中每次平均卷
入的国家数，所得结果分别为 2.0 和 2.68。这一结果显示，吴国
在弭兵大会后对他国的支配能力的确有显著增强（p=0.02），或
者说吴国不但有争霸的雄心而且取得了一定成效。但从另一方面
看，在弭兵大会后吴国所发动的战争中，平均卷入的国家数（2.68）
并不比同期晋、楚二国发动的战争的平均卷入国家数（2.35）显
著地大（p=0.4）。换句话说，即使在弭兵大会后晋、楚衰落的情
况下，吴国对他国的支配能力也并不大于晋、楚两国对他国的支
配能力。显然，即使在巅峰阶段，吴国也从未达到弭兵大会前晋、
楚两国统领天下的地位。读者可能会问，吴国能统领的国家少，
是不是由于绝大多数国家在弭兵大会后已被灭亡？根据《左传》
《国语》《史记》等文献的记载，在弭兵大会至秦国统一的这段历
史中我总共查到 49 次灭国记录，也就是说，在弭兵大会时中国

大地上至少还有 50 多个诸侯国家。在吴国强大时,它周围有郑、郯、徐、顿、胡、沈、淮夷、陈、蔡、巢、莒、越等国。吴国要真有能力建立霸主地位的话,附庸于它的国家也是不会少的。

上述讨论表明了这样一个事实:当晋、楚从争霸政治中淡出后,其他有野心的国家自然想趁机争夺更大的空间,这就是为什么在弭兵大会后齐国、吴国及以后的越国均频频对外用兵的原因。在这些军事行动中,吴、越两国甚至创造过短暂的辉煌。当其鼎盛之时,吴国几乎灭了楚国,并随后在公元前486年(鲁哀公九年)修了邗沟,公元前482年完成菏水建设。邗沟贯通长江与淮河及淮河的支流泗水,菏水则贯通泗水与济水。这两条运河修成后,吴军能直接通过水路挥师北上,直达中原。吴国一系列动作的成果之一便是在公元前482年由吴、晋、鲁及其他一些中原国家举行的黄池之会。但吴国穷兵黩武、过度扩张,早已是外强中干,因此黄池之会后九年(前473年)便被越国所灭。越灭吴后,也曾试图北上争霸,但即使将其首都从南方的会稽(今浙江绍兴市)北迁到琅琊(今山东胶南市南),越国也没有达到吴国鼎盛时期的辉煌。

用今天的眼光来看,事情就比较清楚了。楚、晋两国因各自的问题而衰落之后,当时的其他大国或者由于地域政治的不利因素(如吴、越),或者由于军事力量有限(如齐国),均未能对整个时代的进程产生关键性影响。因此,虽然吴、越、齐都曾想在历史舞台上一展身手,而决定春秋霸权政治垮台后的历史进展的,却是当时已经危机沉沉的晋国。弭兵大会后在晋国的内战与分裂中，涌现出一种新的国家形式——中央集权的科层制国家，以及一种新的战争形态——全民战争。正是这种科层体制与全民战争的互动，促进了战国时期国家动员能力的空前增强和战争规模的空前加大，并最终导致秦国的一统天下。因此，从公元前546到前419年整个转型期的轴心即是晋国的衰亡与分裂及其之后的再生史。至于霸权政治，已成为令人徒发思古之幽情的明日黄花。

晋国公室的式微与科层制国家的兴起

公元前546年的弭兵大会后，楚国的争霸活动在吴国的军事压力下很长一段时间内一直处于低潮，吴、齐、越三国在中原的争霸事业均未成功，因此主导弭兵大会后中国政治走向的是晋国的分裂与三晋（魏、赵、韩）的兴起。导致晋国内战与分裂的封建危机在弭兵大会之前已经困扰着晋国政治。弭兵大会的意义在于，由于楚国在当时是晋国最大的甚至可以说是唯一的外来威胁，弭兵的成功使晋国失去了能使晋国贵族凝聚起来的外部压力，使晋国贵族的注意力更多地转向内斗。从这个意义上讲，晋、楚弭兵的成功可能加速了晋国内部的分裂。作为一个大政治家，晋国当时的执政范文子对这一点看得很清楚。公元前575年，晋、楚鄢陵之战前夕，范文子不想战，而栾书与郤至均主战，据《左传》（成公十六年）记载，范文子当时对郤至说了这样一段话：

吾先君之亟战也，有故。秦、狄、齐、楚皆强，不尽力，子孙将弱。今三强服矣，敌楚而已。唯圣人能外内无患。自非圣人，外宁必有内忧，盍释楚以为外惧乎？（我们以前的国君之所以屡次发动战争，自有理由。当时我国面临着秦、戎狄、齐、楚等列强的威胁，倘若我们的祖上不奋力战斗，子孙后代将羸弱不堪、无以存身。现如今秦、戎狄、齐等列强已经衰落，仅剩下楚国一个强敌。只有圣人才能做到内无纷扰、外无敌患，如果不是圣人，则外无敌患必有内忧，我们为何不继续把楚国当作外部威胁而时时保持警惕呢？）

当范氏与栾氏、郤氏做这番谈话时，栾氏与郤氏两家已经积怨很深。在这次谈话的前一年，即公元前576年，郤氏曾弄权杀死了伯宗并迫使伯宗之子伯州犁逃往楚国。在这次谈话的后一——公元前574年，整个郤氏家族在贵族之间的冲突中被灭。因此，范文子的这段谈话虽然与齐美尔关于外部冲突有助于保持群体内部团结的洞见有很大相似之处*，堪称中国早期政治思想的一块瑰宝，但在当时却是有所特指的。

但是范文子的政治智慧并未能挽救晋国衰落的命运。随着内

---

* 齐美尔（Georg Simmel，1858—1918）是与马克斯·韦伯同时代的另一位德国社会学大师。其关于外部冲突有助于保持群体内部团结的论述大致出于其于1908年发表的著作 In Conflict and Web of Group Affiliation（《冲突与群体关系网络》）一书。（译者注）

部危机的加深，晋国贵族早已越来越无意于把自己手中掌握的兵力用于与楚国争霸，而弭兵大会后他们更是无心于国际事务。因此，在公元前546—前481年间，晋国仅发动了15次战争，却被他国攻击了8次，而在弭兵大会前同样的时间段内（即公元前611至公元前546年），晋国则发动了多达50次的战争，被他国进攻仅有11次。这些数字并不表明晋国的整体军事实力在弭兵大会后大大削弱了。为了重塑在中原的霸主地位，晋国曾在公元前529年（鲁昭公十三年）趁便祁宫落成之际，在平丘召集了一次有14个国家参加的会盟。为了显示军事实力，晋国派出了多达四千乘的兵力出席这次会盟。事实上，晋国的军事力量大大超过此数。几乎在平丘会盟的同时，鲜虞在北方乘虚入侵晋国，结果被晋国荀吴率上军从著雍出兵打得大败。由此可见，仅从军事力量上讲，晋在当时无疑仍是屈指可数的强国。但晋国的这种军事规模并不能掩盖其背后日益加深的危机。因此，平丘之盟时，即使晋国携四千乘兵力之盛威，郑国执政子产仍敢公然与之对抗，指责其对郑国索贡过重，使郑国无法承担。据《左传》昭公十三年记载，为此事子产竟与晋人从中午争执到晚上，直到晋人同意减低郑国的纳贡数量为止。事后，子大叔为此事责备子产，说："诸侯若讨，其可渎乎（你不应该那样做，难道你不知道你的所作所为可能招致晋国对我国的入侵吗，晋国如果来讨伐，难道是我国可以轻易对付的吗）？"子产回答道："晋政多门，贰偷之不暇，何暇讨？国不竞亦陵，何国之为（晋国如今被几个强大的贵族世家控制着，政出多门，几家贵族正忙于内斗，苟且偷安尚且来不及，哪里还有心思攻打其他国家啊？国家不和别国力争，就会被人欺负，还成个什么国家）？"子产不愧是有眼光的大战略家。此时的中原，各个中小国家频频对他国用兵而晋不能制。齐国扩张，多次迫使中原地区的中小国家与之结盟，晋也无意去管。如前所述，甚至公元前518年周朝王子朝与敬王之间的冲突，晋国都是在遭到子大叔严厉指责后才出兵干涉的。

　　随着局势的发展，在晋国早期互斗中幸存下来的六卿之间已越来越难以维持平衡。终于，公元前497年（鲁定公十三年），以赵、魏、韩、智氏为一方，范氏与中行氏为另一方，六卿之间展开了一场大决战。这场内战持续了六年并拖进了许多邻国，最后在公元前491年（鲁哀公四年），以范氏与中行氏失败、其余四卿瓜分这两家的土地而告终。此后，晋国四卿又和平共处了三十余年，直到公元前455年，四卿中实力最强的智氏因与赵氏不和，遂率魏、韩二家攻赵，围晋阳达三年之久。晋阳将破之际，赵襄子接受谋臣张孟谈建议，利用魏、韩二家与智氏的矛盾，劝说二家联赵反智。劝说成功后，三家突然合攻智军，智氏兵马被打个措手不及，大败，智伯被杀。在长期武装冲突中幸存下来的最后三个家族——赵、魏、韩——瓜分了智氏的土地并进而建立了自己的政权，史称"三晋"。

　　"三晋"在建国伊始就面临两大挑战。首先，作为自公元前6世纪发展起来的封建危机的直接受益者，三晋国主比任何人都清楚封建危机的根源与危害。因此，尚在三家分晋之前，三晋已经在自己控制的领土上逐渐推行非世袭的、以郡县制为中心的官僚体制，并在土地所有制、税收与法制上做了不同程度的改革（李孟存、李尚师，1999：第 272 页）。分晋后，赵、魏、韩三家分别在自己控制的领土上继续推行改革以确保曾让他们得益的封建危机在自己治下不再重现。[1]

其次，在取得国家地位后，这三个国家的位置从地域政治角度来说都十分不利。在统一的情况下，晋国几乎独霸北方；而三家分晋后，魏、韩二国地处内线，变成四面受敌之国。更由于"三晋"的领土均是在各自原来封地的基础之上扩充而来，因此没有连成一片。这样，三晋所占土地不但你中有我，我中有你，而且整个国形很不合理。比如，早期魏国的主体（不包括被赵割开的北方的那一部分）分成东西两个部分，中间被韩国割开。两部分领地仅靠北方上党地区的窄窄一线得以相连，两地照应很不方便。为解决上述两大问题，"三晋"相继在国内开展改革，并积极地向外进行军事扩张：赵国向北、韩国向南、魏国向西。

在三晋中，魏国也许由于实力相对较强但地域政治位置却十分不利，因而率先进行了以正在兴起的被后世称之为法家思想为指导的改革，并在较短的时间内从封建政体转变成中央集权的科

1　正由于晋国是封建危机的最大受害者，作为这种危机的一个反映，那些被后世称为法家的学者绝大多数出自三晋。

层制国家。改革之后，魏国国力大大增强，特别是科层制政体消除了爆发封建危机的隐忧，于是开始野心勃勃地进行领土扩张。魏国的扩张对邻国造成重大威胁，以至于触动各国进行了一波又一波的法家改革。这种法家改革反过来又增强了国家的军事能力和扩张领土的欲望。这种改革与战争的相互促进构成了转型期之后历史发展的一个新的引擎，为全民战争时代的到来开辟了道路，并最终导致了中国的统一。在本书的论述进入全民战争时期，也就是春秋战国时代最后一个阶段之前，让我们对法家重构社会之前那些由战争驱动的政治改革再稍费笔墨做些分析。

战争驱动型改革

在霸主政治时期，频繁的战争催生了以实用目的为导向的效率驱动型文化。这种文化首先在军事领域出现，继而扩散到政治、经济及哲学领域。到转型期，商业和市场经济开始萌芽，与此同时，哲学领域内一些博学之士开始对人际关系以及宏观体制等社会面相进行系统的思考。鉴于这些新生的经济关系和哲学思想在后面的全民战争时期才臻至鼎盛阶段，因此这两个话题将留待下文讨论。本节所要讨论的是到当时为止所发生的以国家为主导的改革，以及这些改革和战争之间的密切联系。

我们并不清楚春秋战国时期各诸侯国开始改革的确凿时间。但有一点是清楚的，那就是，大部分改革措施都是对当时战争所造成的不同环境所作的回应。正如前文已经提及的，诸如楚、晋、秦等国不得不采行县制以便对军事扩张中新占领的领土进行管理。打仗是一件很费钱财和人力的事情，所以史书上记载的最早的一些改革活动都以赢得战争为目标来开发财力和人力。《左传》僖公十五年记载，公元前645年晋国在韩原之战中大败于秦，不仅晋惠公（前650—前637年在位）为秦军所擒，晋国还被迫将其黄河以西的领土割让给秦国。*面对这一不利形势，晋国贵族于是鼓励"国人"和"野人"前去农村地区开垦荒地，并向这些新垦土地征收税赋。同时，晋国还开始从这部分开荒者中征召士兵。尽管这些措施都是围绕军事目的，但显而易见，这些变革使"国人"与"野人"之间的传统界限变得模糊起来（在原体制中只有"国人"才从军打仗），而且很可能标志着井田制的瓦解和土地私有制的兴起。关于土地私有权制度化的一个更为明确的记录出现在《左传》宣公十五年一条简短的记载之中，即在公元前594年，鲁国开始根据每家耕田的实际亩数征收税赋。†四年之后，鲁国

---

* 晋惠公因所谓的"骊姬之乱"避祸于梁国（今山西河津），后在秦穆公的帮助下回国即位。作为交易，晋惠公许诺将黄河以西五座城邑送给秦国，但晋惠公并无意兑现诺言，最后还是在这次韩原之战失败后才被迫割让河西之地的。（译者注）

† 这即是历史上有名的"初税亩"。在原来的井田制中，土地分为公田和私田，农民耕种私田并不需要向国家和封建领主纳税，只是通过助耕公田的方式向国家和封建领主提供劳役地租。私田越多，不纳税的田地越多，拥有大量私田的人家也越富。可是公家却由于公田的歉收或荒芜，经济会产生困难。这种"私肥于公"的现象对于国家来说是很不利的。"初税亩"的主要内容就是：不分公田、私田，凡占有土地者均须按亩交纳土地税。井田之外的私田，从此也开始纳税。这是三代以来第一次承认私田的合法性，并由原来的劳役地租改变为实物税收，是次很大的变化，对后世影响深远。（译者注）

又开始征收军赋。鲁国征收军赋完全是出于军事上的考虑，因为这一年齐国与楚国结盟以对付晋国，齐、鲁两国长期为敌，鲁国地处齐、楚之间，齐、楚结盟使鲁国被迫与晋结盟以自保，并征收军赋为迫在眉睫的战争做准备。[1] 鲁国的这些改革很快为其他国家所仿效。比如，我们可以从史籍记载中得知，在齐国的军事压力下，鲁国在公元前483年又进一步调整其税收制度。[2] 再如，在魏国的军事威胁下，公元前408年秦简公也采取了与鲁国的"初税亩"相似的税收制度（"初租禾"）。

并非所有的改革都是出于对他国军事压力的直接回应，某些国家在某些时候也会主动变法图强。在每个霸主国家崛起的背后，我们都能发现它在成就霸业之前进行了许多改革。齐国在公元前7世纪中叶前后之所以能够登上霸主的宝座，极大程度上是与管仲所推行的改革措施分不开的。晋国能够跻身于霸主之列，同样与晋文公及其后继者，尤其是赵盾所推行的改革有着密切关系。[3] 同时，由于改革与军事需要密切相关，一个国家面临的军事压力愈大，所推行的改革也会愈剧烈。比如郑国，地处晋、楚两个大

---

1 这次变革称为"作丘甲"，详见《左传》成公元年（前590年）。

2 公元前484年，吴、鲁两国刚刚在艾陵（今山东莱芜东北）之战中大败齐国，由于担心遭到齐国的报复性进攻，公元前483年鲁国加强了自身的防御体系，并以每家实际占有土地的亩数为依据推行了新的税收制度。这次变革称为"用田赋"，详见《左传》哀公十二年。

3 《左传》文公六年记载，赵盾在成为晋国执政后推行了一系列的改革措施，包括制定《常法》（亦称《夷蒐之法》），鼓励使用契券，严明科层等级、加强科层制政府，起复旧时官职、选贤任能等方面。

国之间，地缘政治环境极为不利，所以工具理性文化便得到快速发展，并最终为历史贡献出一位传奇式人物子产，一位当时罕见的最为光芒四射的改革家。

子产一生推行了众多的改革措施，但其中最具里程碑意义的举措是公元前 536 年铸刑书于鼎，并颁布之以为国之常法（《左传》昭公六年）。尽管刑书铭文的内容已经湮灭不闻，但从当时精英人物的反对声中我们可以推断，这在当时肯定是一项相当有创新和争议的举动。比如，与子产私交甚笃的晋国大夫叔向在得知此事后立即修书一封，向子产表达自己强烈的异议。《左传》中所录的叔向的信文相当长，兹录其核心思想于下："民知有辟，则不忌于上，并有争心（民众一旦知道了法律，就会对上没有忌讳，其逐利之心就会变得更加炽烈）"，"民知争端矣，将弃礼而征于书。锥刀之末，将尽争之。乱狱滋丰，贿赂并行（民众知道了争端所在，就会抛弃礼仪而以法律为依据。他们将会通过细抠法律铭文中的字眼为小利而斤斤计较。于是，诉讼将会日益滋长，贿赂之风将盛行于世）。"子产当然对叔向的指责予以反驳，他在回信中写道："若吾子之言，侨不才，不能及子孙，吾以救世也。既不承命，敢忘大惠？（对于先生的良言美策，在下不才，无力遵行，也实在无暇顾及子孙后代的事情，在下只是尽力而为，运用法律来解决眼下最为紧迫的棘手问题而已。然而，即使不能遵循先生的教诲，在下也非常感激您的一番善意。）"

叔向是当时一位著名的政治家。作为一个政治家笔者相信他不至于主张国家连一条法律措施都不要。[1] 叔向真正担心的是，将法律颁行于众将会使人人，包括普通民众，都有同样的机会运用法律武器来争取和维护自己的利益。这会使原已日盛一日的实用主义发展到不可收拾的境地，并给已经是礼崩乐坏的社会秩序雪上加霜。叔向的担忧显然反映了当时的社会现实。因而也为当时效率驱动型文化在社会上的蔓延状况提供了一个难得的反面注脚。这里我必须提示的是，尽管子产对叔向的抗议采取了我行我素的态度，但在叔向、子产两人的通信中所传达出的一个社会中道德秩序与功利欲望之间的紧张关系，成为中国历史上一直时隐时现、绵延不绝的思想命题。子产与叔向之间的争论还将在后来全民战争时期法家与儒家之间的论争中听到回响，并在整个中国历史中以不同形式一再上演，时辩时新。

全民战争时代到来之前，诸侯列国的改革几乎触及诸如税收与土地制度、法律制度、军事组织以及经济政策等社会生活的方方面面。但是，与全民战争时期的改革相比，这些早先的改革既没有某种意识形态作为指导思想，也不具有系统性。它们在刚出现时往往只是一些迫于形势的应急性措施，只不过有些措施因其

---

1 例如，根据《左传》（昭公十四年）记载，公元前 528 年，晋国的两位贵族邢侯与雍子发生土地纠纷。接手此案的法官正是叔向的兄弟叔鱼。因为雍子是叔鱼的丈人，所以叔鱼便枉法判邢侯有罪。邢侯一怒之下将叔鱼和雍子杀死在朝堂之上。晋国执政韩宣子询问叔向应如何判罚，叔向即根据上古之法建议判处邢侯死刑，并将已死的叔鱼和雍子暴尸于市以惩其罪。

有效性而被逐渐制度化而已。然而，这些改革措施却有着至关紧要的历史意义，因为它们不但加强了国家的权力，改变了国家与社会的性质及其关系，而且为下面就要论述的全民战争时期的改革积累了经验和教训。

第九章

全民战争期

（前 419—前 221 年）

从公元前 453 年"三家分晋"到公元前 419 年全民战争开始这段时间是春秋战国历史中一个相对的"平静期"。就战争的频率和规模而言，该时期有史记载的战争总共只有十次，其中除那场秦国攻打并占领楚国一座城邑的战事之外，其余的都是发生在某个大国与某个小国之间的小规模战斗。然而，在平静的表象后面却积蓄着即将到来的颇风仍雨。就在这些年里，魏国在法家思想指导下推行了更为深广的改革。尽管我们并不知道魏国开始改革的确切时间，但可以肯定的是，到公元前 419 年时魏国的改革已经初见成效。也就在公元前 419 年（魏文侯二十七年），挟其因改革而大增的国力，魏国在原属秦国势力范围的少梁（今陕西韩城市西南）构筑城池，从而将其势力延伸到黄河以西地区。秦国当然不能容忍这一挑衅行为，于是发兵攻打少梁，全民战争时代的序幕由此拉开。这一时期的战争之所以被称为"全民战争"，是因为与以往的战争相比，这些战争不但持续的时间更长，投入的物质资源更多，而且将一个国家中很高比例的成年男性人口卷入进来。新旧战争之间的差异还表现在领土扩张取代霸主争夺成为战争的首要目标。由于大规模的杀死对方士兵不仅能够损伤敌军的士气，而且能够显著减少敌国的作战人口，于是，越来越多的士兵在冲突中伤亡甚至惨遭屠戮。全民战争的出现与法家理念指导下的改革有着极大的关系。前已述及，诸侯国内的封建危机严重抑制了霸主国家扩张领土的欲望。但随着科层制国家的形成，这已经不再成为一个问题，诸侯国家扩张领土的欲望因此而大大增强。此外，法家的改革还极大地增强了国家实力，使全民战争在技术上成为可能。为了更好地理解全民战争时期的历史，我们将首先讨论法家理念赖以形成的诸种历史背景条件，并大致勾勒出诸子百家兴起的过程。

诸子百家的兴起

大约在公元前 6 世纪，西周时期建立的官学教育系统在大多数诸侯国中逐渐解体。这一局面的产生是与当时发生的国家—社会关系中的许多结构性转变分不开的。从公元前 11 世纪至公元前 6 世纪，随着各国人口的增长，享有官学教育特权的"国人"在数量上大大增加。虽然有权利接受教育的"国人"的数量在增长，但因为各诸侯国都正面临着封建危机以及相伴而来的国家权力的衰落，国家为"国人"提供官学教育的能力非但没有上升反而下降。换言之，在封建危机不断深化的同时，当时还存在着一场不是那么明显，但同样意义深远的官学教育体系的危机。

　　官学体系的瓦解同时与另外两个相关的社会转型过程相重叠。其一是精英政治与科层制度的出现，其二是工具理性文化的效率驱动型兴起。精英政治与科层制度的发展大大提高了诸侯各国对受过教育的人才的需求，而官学系统的瓦解却意味着该教育系统已不能为国家输送足够的精英人才。[1] 与此相应，许多官学中的教师和毕业生开始以举办私学为生。工具理性文化的兴起也促使这些新近产生的私人教育家及其学生纷纷撰书立说，对当下"礼坏乐崩"的乱世提出一系列系统化的理解，从而开启古代中国哲学中"百家争鸣"的局面。

　　在"诸子百家"中，某些主要的流派，比如后世所称的儒家、道家和法家（以及兵家）在后来的两千多年里对中国社会产生了持续的影响。在寥寥几个段落里要对这些哲学流派予以恰当处理几乎是不可能的。从某种意义上说，该时期出现的主要哲学流派都与这些先哲们所处的动荡时代有关，都是这些先哲们在他们既

1　这两种趋势的一个表现就是，全民战争时代的诸侯国君和贵族公子们往往广开馆舍（如齐国的稷下学宫），大肆延揽各种奇才异士入其囊中。这些食客便成为他们的智囊团和人才储备库。全民战争时期为权门贵族——诸如魏国的信陵君、齐国的孟尝君、赵国的平原君及楚国的春申君（即通常所说的"战国四公子"）——所供养的才士数以千计。

有的知识和认识基础上对春秋和战国时代的动乱和多战局面做出的思考。因此，笔者所要做的是尽力将这些哲学流派中与本书的分析视角关连最紧的某些关键特征刻画出来。

我们现在所说的儒家学说是由我国历史上最早的私学教育家之一、生活于转型期的孔子（前551—前479年）开创的。孔子认为，他那个时代之所以战争频繁不断，之所以出现周王权力被诸侯攫取，诸侯权力被大夫攫取这种国将不国的局面，根子都在当时日益混乱的社会关系之中。[1]围绕对这些社会问题的思考，孔子提出他思想中两个相互关联的核心概念："正名"和"仁"。孔子主张达致治世的基础是让每个具有特定名分的人能明确并履行与自己的名分相应的职责，这就是所谓的"君君、臣臣、父父、子子"。孔子不认为法律能够为人们带来太平治世，他坚持认为每个人都应当致力于修身养性，提高个人的道德素养，达到"仁"的境界，并以此来规范自己在社会生活中的行为。孔子对"仁"的含义虽有多种阐说（Li，1967：第3—6页），但万变不离其宗，其中心内涵不外乎以下五个方面：仁、义、礼、智、信。为了达到"仁"，孔子强调"礼"的重要性，即只有在日常生活和社会仪式中虔敬地循"礼"而行，一个人才可能成就"仁"的境界。从政治角度上来看，所谓"正名"，目的在于建立一个权责界限分明的等级体系；所谓"仁"，就是每个在社会等级中处于一定位置的个人

---

[1] 孔子的这一观点与古尔德（Gould，2003）对于人类社群中暴力与冲突起源的分析有着惊人的相似之处。

都要努力遵循的以道德为基础的、不成文的"社会契约";而所谓"礼",则是维持和强化上述等级体系和社会契约的一个最为重要的手段(在孔子的思想体系中维持社会秩序的另一个手段是教育)。总而言之,孔子认为当时战争频仍、政治混乱的救治之道就在于重建社会的道德秩序,也就是被孔子理想化了的西周开国明君们所建立的政治、社会和道德秩序。

道家是在转型期末叶及全民战争期初年形成的一个重要思想流派。与儒家一样,道家也反对诸侯国家之间的征伐战争,但对于同样的问题,道家表现出更为消极的态度。道家相信天地万物皆循其道而演化,因此,治世的根本大法既不是儒家所主张的扞格牵强的"礼",也不是法家所提倡的严刑峻法,而是顺应事物的本性,让其按照自己的逻辑去发展。道家的核心理念可以归结为"无为",而最高明的治国之道便是"无为而治"。从积极的角度来看,道家的治国之道接近于亚当·斯密的"看不见的手"的观点,但道家更主张回归自然以求返朴归真。因此,奉行道家学说的政府常常是一个内敛少事的"小政府"。

法家是现实主义者和改革者。面对宗法礼教已难以维系世道人心的社会形势,法家强调法制(不是"法治")对于整顿人间秩序的重要意义;[1] 面对惨烈的军事冲突所带来的威胁,法家主张

---

[1] 有人也许会将法家理解为与儒家相对立的思想流派,因为法家强调"法治",而儒家主张"德治"。这是一种误解,因为法家思想更多的属于统治术的范畴,刑法只不过是一种统治术而已。中国一直缺少真正的法治基础——契约文化传统。

改革以增强国家实力。学者们有时也将纵横家归入法家的范畴。
这两个流派之间确实存在着许多相似之处，但也存在比较明显的
差异。主要表现在，法家强调通过内部的结构性改革以富国强兵，
纵横家则关心通过国家间的合纵连横以及政治家们的理性决策去
改变一个国家在战国格局中的地位。打个比方，法家更像现代的
社会学家，而纵横家则更像现代的政治学家。到全民战争时期末，
法家最伟大的代表人物韩非子集法家思想之大成，提出了糅势、
法、术为一体的法家学说。

　　全民战争时期，敌对国家之间战争频繁不断，封建体制土崩
瓦解。以此种时局衡之，道家理想在政治上便显得迂阔离题，儒
家学说则是不切实际的政治空想。如果说儒家学说在孔子时代还
多少能引起社会共鸣和反响的话，那么，到了在儒家学统中位尊
"亚圣"的孟子（前 372—前 289 年）时代，儒家的政治理想则
几乎完全变成和者盖寡的阳春白雪。孟子一生可谓怀才不遇，他
周游列国，四处兜售自己的治世之策却不为统治者们所采纳。全
民战争时期在政治舞台上大出风头的是法家，从公元前 5 世纪后
期到公元前 4 世纪法家推动的改革浪潮，催生了对国内人口实现
总体性控制的中央集权科层制国家。为了更好地理解全民战争时
期和最终由秦国完成的对中国的统一，我们还会对法家改革的性
质进一步的考察，但进入这一话题之前，让我们先对中国哲学的
内在局限略做剖析。

中国哲学的局限

中国古典哲学（即"诸子百家"的思想）的特质可以从多个角度进行描述和分析（Fung，1952；Gernet and Vernant，1980；Hegel，1956；Keightley，1990；Mote，1989；Puett，2001；Du，1985），但本书所关心的是那些在中国政治史中（不仅对全民战争时期的历史，而且对往后两千多年中国的政治史）产生了根本性影响的中国哲学的一些根本性特征。为此，我将中国战国时代的哲学与欧洲近代初期的政治哲学做了一番比较。笔者认为，两者之间的差异可以归结为以下两个主要方面：

第一，近代初期欧洲的政治哲学渊源于古希腊哲学、基督教神学和欧洲文艺复兴之后出现的新人文主义和科学传统。而中国战国时代的哲学尽管美其名曰"诸子百家"，但其得以激发灵感、汲取养分的文化基础却比较有限。在官学体系解体之前，周朝封建体制下的官吏与教师尚未发生身份上的分化。也就是说，政府官员不但可以让子孙后代承袭自己的官职，而且负有在官学中传授与其官职相应技艺的任务。因此，当官学系统解体，许多人被迫以讲授私学来谋生时，他们所传授的内容自然是其最为精通的、在其职业技艺基础上积累起来的知识技能，他们的思想自然只能来自本人的知识基础和人生体验。刘歆（前46—公元23年）就曾指出，春秋战国时代的诸子百家之学皆发端于周代百官的职业实践。比如上一节所介绍的三个思想流派，刘歆认为儒家的前身是原来执掌礼仪的礼官，道家则脱胎于原来的史官，早期法家的前身则是司掌刑狱诉讼的理官。尽管刘歆所提出的这种联系未可轻信，但其分析方法却也有相当的合理性。*诸子百家在思想起源上的单一性不仅限制了中国古典时代哲学家们的想象空间，而且使周代树立的宗法文化在周王朝垮台后仍代代流传。[1]

　　第二，在第二个公元千年间，与中国春秋战国时代的形势相似，欧洲各国也经历着反复不断的战争。但是，与中国不同的是，当时的欧洲存在着强大的教会以及继承了罗马共和制传统的独立自治的商业城市。这些强大势力的存在不仅有效地平衡了由频繁战争而导致的日益上升的国家权力，而且在意识形态领域中催生了多种具有强大说服性和广大听众的政治哲学。[2]与此相反，中国古代的战争却是在国家、意识形态、经济诸权力领域尚未充分分化的条件下进行的。当封建战争在公元前 8 世纪趋于频繁时，中国既不存在独立的教会，也不存在自治性的商业城市。春秋战国时代哲学的产生与商业贸易的迅速繁荣在很大程度上是战争驱动型理性化进程的结果。经济与意识形态权力的脆弱，使得中国

---

*　刘歆的观点详见《汉书·艺文志·诸子略》。（译者注）

1　就此而言，中国的哲学传统与古希腊哲学相比，思想渊源要单薄得多。在古希腊，地中海沿岸地区的商业贸易路线四通八达并不断向外扩展，这种得天独厚的条件使得古希腊人能够融варьиров奥尼亚人、爱尔兰人、诡辩术师以及埃及人乃至印度人的文化要素于一炉，从而创造出光辉灿烂的人类文明成就。

2　此处所谓的"说服性（persuasiveness）"，是指一种哲学在其形成的时代对受众的说服力。必须说明的是，在其形成时说服性较差的哲学在后来的历史中可能会变得流行起来，拥有大量的受众。

当时的哲人未能提出能够挑战法家强国厉兵纲领的替代性方案。

实际上，在近代初期的欧洲，战争所造就的时代形势也孕育出了诸如马基雅维利和托马斯·霍布斯那样的"法家"哲人。不过，中国法家的学说与霍布斯式的理论之间存在着一个十分关键的差异：在中国法家学说中，国家拥有凌驾于法律及其臣民之上的绝对权力；而在霍布斯式的欧洲"法家"理论中，国家对人民的统治则建立在社会契约的基础之上。更为重要的是，在前现代的欧洲，与霍布斯式的强势国家理论同时存在的还有自由主义以及后来发展起来的社会主义。相对于霍布斯式的强势国家理论，这两种学说可能吸引了数量更多，甚至是更富有资源的追随者，并在意识形态和政治层面上与霍布斯式的强势国家理论形成了有效的、相互制衡的格局。这些政治哲学在社会政治秩序这个问题上为欧洲提供了不同的但都很有说服力的替代方案；它们的存在为绝对集权国家在欧洲的形成设置了思想上的障碍，并为资本主义和民主政治的兴起准备了条件。

再来看中国，中国古典时代被后世称之为儒、道、墨等思想流派的哲人都对绝对集权国家抱持强烈的批判态度。但是，春秋战国时代的中国既没有与国家抗衡的宗教势力，也没有独立于国家的商人阶级力量，这种社会状态大大削弱了社会契约和宪政思想在中国形成的可能性。同时，中国哲人所能依赖的知识与思想资源的局限性——即周朝的封建体制及宗法观念——也使他们在考虑如何应对不断上升的国家权力这个问题上所给出的答案，要么是将国家权力道德化（如儒家），要么是将其压缩到最小水平甚至于将其完全根除（如道家和墨家）。结果，当时频繁的战争不仅导致了国家权力的不断增长，而且使法家成为唯一在政治上具有实用意义的学说。因此，在全民战争时期诸子百家虽然都粉墨登场，但面对锋头甚劲的法家理论，其余诸家都不免黯然失色。事实上，作为试图以宗法礼教为基础来重塑政治秩序的哲学，儒家学说自形成以后在中国社会中一直没有占据主流。这种情况直到近四百年后汉武帝接受"罢黜百家、独尊儒术"的政治主张后才大为改观。这种结果是不难理解的：法家为不受制约的强势国家提供了合法性，而由法家改革所带来的国家在人员和资源动员能力和战争能力上的提高，又使法家意识形态进一步赢得了统治阶层的青睐。战争与意识形态之间这种相互激发性的互动使国家的权力不断增强，为迎接全民战争时代的到来做了充分的准备。但另一方面，这也使当时正在走向进一步繁荣的中国哲学和商业力量失去了产生任何突破性发展的机会。

法家改革

正如前文所述，法家改革浪潮滥觞于公元前 453 年"三家分晋"之后的魏国。由于改革之后国力大为提升，魏国很快就在诸侯国家之间的战争中大显锋芒。魏国在战争中所取得的优势地位给邻国造成了巨大威胁，其他国家于是要么被迫启动改革，要么加速推进已有的改革进程，改革由此蔚为大潮。根据相关史籍文献的记载，大规模的改革在赵国开始于公元前403年，在楚国开始于前390年前后，在韩国开始于前355年，在齐国开始于前357年左右，秦国则在前356年和前350年分别进行了两次改革。其中，秦国改革发生的时间不仅较晚，而且改革的深度也超过其他大部分国家。为了充分理解这些改革为何对全民战争的出现和秦国统一中国具有如此关键的作用，下面我们对公元前356年和公元前350年商鞅所推行的秦国改革的主要内容略做考察。

商鞅（前390—前338年）出生于卫国公室一个远房贵族家庭，在西去秦国之前，商鞅师从魏国改革的设计者李悝，并在曾为魏国相国的公叔痤手下听事。公元前361年，在闻知秦孝公颁布求贤令后，商鞅带着李悝书写的魏国法律书简去了秦国。秦孝公颁布求贤令背后的动机再也清楚不过，那就是魏国在当时的战国格局中拥有明显的优势地位，秦国黄河西岸的大量领土已被魏国侵夺，并且继续处于魏国的军事威胁之下。正如求贤令中所明示的，秦孝公求贤的目的就是希望借此增强国力以收复东面的失地（见《史记》中《秦本纪》及《商君列传》）。因此，促发秦国改革的首要动力是赢得战争，而不是诸如"新生地主阶级"对自己利益的追求等原因。

商鞅改革的措施很多，这里只能撮其要者论列如下，以使读者对商鞅变法的要义有所认识：一、建立中央集权的科层制国家，并采取择优录用的方法来选择科层制内的官员。为此，商鞅在秦国境内设置四十一县，派遣官员管理，并对各县官吏食以俸薪。他还设法将贵族从政府公职上剥离，其空缺由国家指派的官吏替补。二、严刑峻法以收紧对国内人口的控制，其法律之严苛甚至稍触刑条就要受到残酷的惩罚。商鞅还创设了一套户口和旅舍登记制度以监控和限制人口的流动（即以五户或十户人家为一组，若有人犯法而无人报告官府则全组人家皆受株连。未经特殊许可外来旅客不得在民家或旅舍过夜，等等）。三、奖励军功。商鞅在军队中建立了奖惩制度，将军士的职位升迁和经济奖赏直接与其在战斗中的表现挂钩。四、提高农业生产水平和国家税收能力。为此，商鞅废除了井田制，奖励开荒拓垦，推进家庭结构向小型的核心家庭转变（在商鞅的的法律中，一家之中成年男性人口超过一人者税赋加倍，并且税赋计征以家庭人口规模而不再以每家的土地占有数量为依据）。*五、抑制商业活动。在当时的经济条件下，农民的生计往往会因高利贷盘剥和商人操纵谷价而难以维继。为保障农业具有正常的生产能力和刺激人口的增长，商鞅还颁布相关法律，运用货币手段抑制商业活动。

　　简而言之，商鞅改革的目的就是建立一个能够对其全部人口实施总体性控制的中央集权的科层制国家。建立这样一个国家的主要意图在于，最大程度地从社会中汲取人力与物质资源以更有

---

*　见《史记·商君列传》："民有两男以上不分异者，倍其赋。"（译者注）

效率地进行战争。商鞅在他的文章中曾经对农业生产与战争的关系有直截了当的表述，他认为对农业生产予以更多重视不仅能够提高农业生产能力，而且能造就一个易于控制和易于进行战争动员的农民群体（《商君书·农战》）。如前文所述，在全民战争时期，这种类型的改革促进了当时战争性质的转变，即从争夺霸权转变为扩张领土。在国力增强之后，国家便能够动员更多的成年男性人口参与时间更为持久的全民性战争，并实施宏大的道路与水利建设计划以提高交通运输、农业生产以及财政税收能力，而以上种种国家能力的提升最终将使一个国家更有把握赢得战争。公元前 405 年之后[1]，尤其是公元前 350 年商鞅在秦国推行改革之后，领土扩张和在战争中削弱敌国服役人口的规模（可以理解成大规模屠杀）便成为战国群雄普遍追求的目标。这就是为什么在有史记载的战国时期 20 次伤亡人数超过两万人的战争中，为何竟有 15 次发生在公元前 317 年至公元前 256 年的六十一年间的原因。上述改革与战争之间的相互促动机制与充满领土欲望的战争联手推动了历史的演变，并为公元前 221 年秦国一统天下开辟了道路。

1　这一年，赵、魏、韩三国联军在廪丘（今山东鄄城东北）打败齐国。据文献记载，此战齐军有三万名士兵阵亡，两千辆战车被缴获。（见《吕氏春秋·不广》）

东方专制主义的问题

从转型时期伊始特别是在全民战争时期，许多国家开始纷纷建设大型水利工程。以长距离人工运河的修筑为例，其中最为著名的有公元前 486 年和公元前 482 年由吴国分别开挖完竣的邗沟和菏水，公元前 4 世纪中叶由魏国建成的鸿沟，以及公元前 237 年由秦国开凿的郑国渠。其中，公元前 486 年吴国建造的邗沟连通了长江和淮水（今淮河）两大水系，其长度至少在 200 公里以上。鸿沟则北起魏国都城大梁，南入颍水（今颍河），将中原地区的几条重要河流连通为一体，其长度也在 150 至 200 公里之间。

魏特夫（Wittfogel，1957）在其经典著作《东方专制主义》一书中认为，在中国的气候条件下，农业生产必须靠灌溉和排洪等水利工程方能维系；古代中国中央集权的科层制国家之所以得以长期存在，很大程度上就是因为只有一个强势国家才能有效地担负起建设和维护大型水利工程的责任。在本书看来，魏特夫的观点显然颠倒了历史的因果关系。简单地说，在逻辑上，原因在时间上应该先于结果，但春秋战国时期许多大型农业水利工程的建设时间晚于，而不是早于中央集权科层制国家出现的时间；上面所举的一些例子，比如吴国修筑的邗沟和菏水，虽然从时间上看发生于中央集权科层制国家在中国大规模形成之前，但建设它们的初衷是战争运输而不是农业水利。因此，水利工程的经济功能不可能是导致中国强势政府传统的原因。

众所周知，有限的交通运输能力一直就是古人行军作战的一个主要约束因素（Crown，1974；Engels，1978；Landels，1980）。正是因为这一点，现代以前的军事行动常常利用水路运输来降低成本，并增大军事行动的能力和范围。比如，根据恩格尔斯（Engels，1978）的估计，水路运输可能使萨尔贡帝国的军事征服范围扩大了三倍左右。*在本书所说的中国春秋战国史上的霸主时期，已有不少国家积极利用天然水道以提高军事行动的效率。比如，秦国在进攻晋国时，就经常利用渭水来运送军队及其补给。而在水系密布的中国南方地区，在战争中借用天然水道之利自然就成为更为常见的事情——这也正是在楚、吴两国的战争中为何水军扮演了关键角色的原因所在。[1]

随着战局的发展，战争的规模和各国的实力也在不断提高，

---

* 萨尔贡帝国是公元前2300年前后，由位于美索不达米亚北部地区的阿卡德王国的国王萨尔贡一世通过一系列军事征服活动建立的一个较大的帝国，其控制范围覆盖了底格里斯河与幼发拉底河流域。（译者注）

1 在楚、吴两国之间的争战中很可能从来就有水军参战。下面是水军在两国战争中发挥重大作用的一些战例：公元前549年，楚康王率水军攻打吴国；公元前518年，楚平王率水师攻打吴国；公元前504年，吴军击败楚国水师，俘虏其统帅潘子臣，此战失利迫使楚国将其都城从郢都迁至鄀地。此外，史书还记载了发生在公元前525年的一次战争。该战中楚国水师缴获了吴国水师的旗舰"余皇"舰。由于担心受到吴王僚（前526—前515年在位）的惩罚，吴军统帅公子光（即后来的吴王阖闾）带兵夜袭楚军，夺回了"余皇"舰。公元前506年，吴国军队先由水路抵达豫章地区（译者注：大致为今淮河以南、大别山以北、河南信阳以东、安徽合肥以西的大片地区），然后弃舟登陆攻打楚国。在不到三个月的时间里，吴军长驱直入1300多公里，连战连捷，几乎灭亡楚国。以上战例在《左传》及其他一些史籍文献中均有记载。

于是一些国家开始建造运河将天然水道连通，以便运输兵员和补给。与魏特夫的论点相反，中国古代开凿长距离运河的初衷是为了战争运输。在中国的信史中，关于长距离运河的最早记录是吴国的邗沟和菏水。[1] 在接下来的论述中，我们将分析公元前486 年和公元前 482 年吴国先后开凿邗沟和菏水背后的动因，以证明本书认为开凿长距离运河的目的在于军事而非农业水利的观点。[2]

在公元前 506 年和公元前 494 年分别击败自己的两个主要对手（即楚国和越国）之后，吴国开始将其战略目光投向中原地区。公元前 489 年，吴王夫差发兵攻打陈国，接着在公元前 487 年又发动了对鲁国的战争。但吴王夫差北上远征鲁国的计划从一开始就显得力不从心。在占领鲁国南部边邑武城之后*，吴军因为后勤补给等问题而难以继续有所作为。在这种情况下，他们向鲁国提出了会盟的要求。鲁国大夫景伯清醒地看出吴军劳师远征，后勤补给极难保障，不论是和是战都将不得不很快退兵，于是他建议鲁哀公拒绝与吴军和盟。但慑于吴军之威，鲁哀公最终还是接受了吴军的求和。很可能是因为吴军的后勤补给线过长，实在难以

1　如果考虑到吴国水军长期以来一直保持着强大的实力，那么吴国成为第一个开凿长距离运河的国家也就不令人奇怪了。

2　实际上，19 世纪许多欧洲国家之所以大力建设铁路，其初衷也不是为了经济发展和公共交通，而是为了在国际战争和平定内乱中能快速地运送军队和后勤补给。见霍华德（Howard，1976：第 97—98 页）。

*　武城在今山东平邑县南，一说在今山东费县西。（译者注）

给鲁国施加有效的压力，所以此次和盟能够以比较公平的方式达成。

　　为了解决后勤补给这一瓶颈问题，公元前486年吴国完竣了邗沟的修建工程。*邗沟将长江和淮水及其支流泗水连通了起来，因此，工程的完成使得吴国水师可以经由水路直抵鲁国都城曲阜城下。控制鲁国之后，吴国进而北上进攻齐国。借助邗沟之利，依次经由长江、淮水以及深入齐国境内的泗水，吴国能够将军队及其补给直接从南部的后方基地水运到北方地区。公元前484年，吴国军队在鲁国的协助下大败齐军于艾陵。艾陵之战中齐军有三千余名将士被杀，八百辆战车被缴获。[1]此战得手之后，吴王夫差的胃口进一步膨胀起来。公元前483年，他下令将邗沟拓宽，并开凿另一条运河菏水将泗水与济水——济水在黄河以南，其流向与黄河基本平行，流经许多中原国家——连通起来。吴国修建菏水的目的同样与经济因素毫无关联。打败齐国之后，吴国的下一个目标就是称霸整个中原地区。而要达到这个目的，夫差需要与当时的另一个大国晋国一比高低。在夫差的提议下，公元

---

* 邗沟又名渠水、韩江、中渎水、山阳渎、淮扬运河、里运河，因南起邗城（公元前486年吴王夫差筑邗城，今扬州市）而得名。邗沟南起今江苏扬州以南的长江，中途绕经一系列湖泊，以较短的人工渠道相连接，北入今江苏淮安以北的淮河。泗水是当时淮水最大的支流之一，北起今山东泗水县境内，流经今山东微山湖等南四湖之后入江苏境内，向南注入今江苏洪泽湖并在此与淮水相汇。（译者注）

1 事实上，公元前485年吴国还从海路攻打过齐国，不过吴国水军在齐国境内登陆后即被齐军打败。见《左传》哀公十年。

前 482 年吴、晋两国决定在济水之滨的黄池举行诸侯盟会。[*]为了在这次盟会上迫使晋国承认自己的霸主地位，吴王夫差希望能够尽出精兵随其赴会以助威压阵，而要做到这一点就需要首先解决大军的运送与后勤补给问题，于是才有开凿菏水之议。这就是吴国开凿菏水的真正原因。

吴国称霸的梦想很快就破碎了。就在夫差率领大军北上，在黄池与各路诸侯会盟的时候，越王勾践经过十二年的卧薪尝胆、苦心准备之后，乘吴国后方空虚奇袭吴国，并洗掠了都城姑苏。此后吴国很快就衰落下去，并在短短九年之后（前 473 年）被越国所灭。虽然吴国的迅速败亡是其连年穷兵黩武、过度扩张的后果[1]，但以上史事已经清楚地表明，中国古代开凿长距离人工运河的初衷实际上是为了满足军事上的需要，绝不是出于对农业生产等其他方面因素的考虑。

不过，长距离的水渠或运河一旦建成就不可避免地会被用于货物运输和农田灌溉。[2]比如，吴国开凿的菏水就对定陶（时称

---

[*]　黄池在今河南封丘县西南。（译者注）

[1]　请读者注意，此处关于吴国在争霸中功亏一篑的论述也再次证明了本书前面提到的一个论点：春秋战国时代的霸主时期于公元前 546 年晋、楚弭兵后即宣告结束，将此后崛起的吴国或越国也计入霸主国家行列是缺乏历史事实根据的。

[2]　在全民战争时期，许多国家是通过专门的许可证制度来对商品货物的运输进行管理的，在《鄂君启节铭文》的记载中，单次陆路运输的货物数量的许可上限是 50 马车，而单次水路运输的货物数量上限是 150 船。该铭文还提供了其他一些细节信息，比如十匹马（或十头牛）驮运的货物可以换算为一马车所运载的货物，等等。上述关于商品运输的管理制度也向我们传递了有关当时商业贸易规模的粗略信息。

陶丘，位于菏水与济水的交汇处，在今山东定陶县）发展成全民战争时期中国最大的商业贸易中心城市起到了多方面的促进作用。于是，到全民战争时期，出于明确的经济考虑而修造的水渠或运河便越来越多，甚至有些水渠修筑的主要目的就是为了灌溉农田、防洪和改良土壤。公元前 237 年由秦国建造的郑国渠就是一例。[1] 郑国渠竣工之后所灌溉区域的面积达四万多公顷，约合六十多万亩，大大提高了秦国关中地区的农业产量。另一个例子是魏国西门豹主持修建的水利工程。根据文献记载，西门豹在魏国的邺县（今河北临漳县）总共主持修建了十二条水渠，极大地改善了当地的农田土壤质量和灌溉条件。当时最有创造性的水利工程恐怕要数李冰主持修建的都江堰，这项集防洪与灌溉功能于一体的伟大水利工程建成于公元前 3 世纪前后，直至今天仍在造福于当地的人民。

　　但是，即使提高农业生产能力逐渐成为修建水渠运河或其他大型水利工程的主要目的，战争需求仍然是其背后最为根本的动因。原来的封建国家经过法家改革转变为中央集权的科层制国家以后，不仅战争的性质随之发生了变化，战争的规模也随

1　郑国渠是由韩国人郑国向秦始皇提议修建的。郑国的目的是希望借此将秦国的注意力从军事扩张上转移开，从而减轻秦国对韩国所造成的军事威胁。然而即使在发觉郑国的真实意图之后，秦始皇仍然下令将郑国渠修完。事实上，修建郑国渠并没能挽回韩国在公元前 229 年被秦国灭亡的命运，对秦国统一中国也未曾产生多大的影响。但从另外一个方面来看，郑国渠的修建却极大地提高了秦国关中平原的农业生产能力。详见杨宽（1998：第 64—65 页）。

之大大增加。面对这种新型战争，要想在战国格局中保持优势地位，在根本上取决于该国成年男性人口的规模和整体的财政税收能力。职是之故，提高农业生产能力便成为当时全民战争动员中生死攸关的环节，以服务农业生产为导向的水利工程建设也变得普遍起来。不过，那时战国群雄已经完全变成一架架战争机器，它们的大多数行动都是围绕着准备和赢得战争这一核心问题而展开的。

经济权力的兴衰

自春秋战国时代揭开序幕以来，中国的经济和贸易快速发展，笔者之所以等到这里才开始触及该时期经济权力发展演变的问题，是因为正是在全民战争时期商人阶级的力量先是达到了它的鼎盛阶段，继而又走向衰落。春秋战国时代的经济和商业贸易的发展与国家之间的战争驱动型冲突 / 竞争同样有着密切的联系。当时所有的政治家肯定都对战争的高昂成本有着很深的认识。《孙子兵法 · 作战第二》(2001：第 6—7 页）一开始就写道："凡用兵之法，驰车千驷，革车千乘，带甲十万，千里馈粮。则内外之费，宾客之用，胶漆之材，车甲之奉，日费千金，然后十万之师举矣。"战争成本如此高昂，如何为赢得战争提供财政经费上的保障便成为当时诸侯列国所关注的核心问题。事实上，在春秋时期任何一个大国崛起的背后，总有旨在增强国家财政税收能力的经济政策和改革措施作为支撑；并且，其中许多经济政策和改革措施在当时经济和商业贸易的发展过程中发挥了关键性的促进作用。

例如，据《管子·大匡》，齐桓公刚刚即位便急欲发动战争，这时管仲却建议他在争霸之前先致力于减轻税赋、发展生产。又据《国语·晋语四》，晋文公即位之后便施行"弃责薄敛……轻关易道，通商宽农"等经济措施。如果说齐、晋两国都是采行放任商业贸易发展的经济政策而达到富国强兵目的的话，那么，其他诸侯国家在充实国家岁入上采取的政策则更为积极。譬如，在公元前494年（鲁哀公元年）败于吴国后，越王勾践厉行了一系列兴国之策：不仅鼓励商业贸易和经济的发展，而且动用国库买卖货物以达到调节市场、便利生产和增加国家税收的目的（见《史记·货殖列传》）。上述经济政策使得越国的军事实力迅速增强，为越国先在公元前482年击败吴国，继而在公元前473年彻底灭掉吴国奠定了物质基础。

部分地得益于各种国家政策，商业活动在春秋战国时代的转型期开始兴盛起来。其中一个证据就是城邑中"市场"规模的扩大。拿当时齐国的都城临淄来说，《左传》中至少有三次记载齐国贵族在临淄城中的市场上集结私家武装、相互杀伐的史实（分别发生在前545年、前544年和前532年）。这三次战斗均非一般的私家械斗，而是达到一定规模并且有战车参战。由于战车只有在大而开阔的场地上才施展得开，所以此等规模的战斗选择在市场上进行，这从一个侧面说明当时临淄城中市场的规模是非常大的。[1] 临淄的繁荣程度还可以从《左传》的其他记载中窥其全貌之一斑。据《左传》记载，公元前 539 年（鲁昭公三年），齐景公打算为晏子另建新宅，起因是齐景公认为晏子的官邸距离市场太近，环境嘈杂脏乱，不适宜居住。晏子却婉拒了齐景公的一番美意，他说：“小人近市，朝夕得所求，小人之利也。敢烦里旅（小人我住得靠近市场，早晨晚上都能得到需要的物品，这对小人非常便利，岂敢麻烦里旅为我造新房子啊）？”《左传》中记载这则故事的目的显然是为了表彰晏子的节廉和智慧，但通过文中对市场中车水马龙所导致的喧阗尘嚣的描述，我们可以推测这个市场的规模肯定不小，其所带来的便利甚至像晏子这样尊贵显赫的齐国贵族也为其所吸引。事实上，到全民战争时期，临淄城的居民据记载已达七万户之众，成为当时诸侯列国都城中最大的一个。

在商品经济出现繁荣局面的同时，商贾阶级也开始强盛起来。[2] 在《左传》的记载中，早在公元前 627 年（鲁僖公三十三年）就有郑国商人弦高巧计退秦师的故事。在去成周做买卖的路上，

1　随着商业活动重要性的不断增长，如何保护商业贸易的正常运转开始成为国际政治的议程之一。公元前 562 年，以晋国为首的十三个诸侯国在亳（今河南荥阳东南）会盟，盟文中有一项条款写道：“凡我同盟，毋蕴年，毋壅利（凡是我们同盟国家，不要囤积粮食以牟利，不要独占山林水泽之利）”。见顾德融、朱胜龙（2001；第 237 页）。

2　商品经济的繁荣和商贾阶级的强盛也得益于春秋战国时代中叶前后金属货币的广泛流通。

弦高在滑国碰到了驻扎在那里的秦国军队*，在发觉秦军准备偷袭郑国的用心之后，弦高一方面立刻打发手下乘坐郑国驿车返回郑国都城新郑向郑穆公（前628—前606年在位）报信，另一方面，他亲自前往秦军驻地，以郑穆公的名义赠送给秦军四张熟牛皮和十二头牛以示犒劳，并告诉秦军：一旦他们进入郑国境内，郑国非常乐意为秦军提供后勤保障。弦高的行为使秦军认为郑国已经做好抵御入侵的准备，于是决定撤退回师。这类故事肯定与事实有许多出入。但弦高竟敢宣称以一人之力为秦国大军提供物资补给，说明当时有些商人的生意规模肯定不小。[1]同时，故事中的弦高能够调遣郑国驿车向郑穆公报信，并以郑穆公的名义前去慰劳秦军，表明当时郑国的商人群体可能享有不低的政治地位。

如果说在霸主政治时期，类似弦高这样的商人尚属凤毛麟角的话，那么，到公元前6世纪下半叶或者说转型时期，垂名于青史的巨商大贾就越来越多了。例如，孔子的弟子子贡是一个很会做生意的商人。由于他的富有，他经常在一些诸侯国受到国宾式的礼遇。再如，越王勾践的谋臣范蠡在辅助勾践于公元前473年灭掉吴国之后，便离开越国，改名换姓前往定陶经商。据《史记·货

---

* 滑国是周朝分封的同姓小国，国都故址在今河南睢县西北，后来迁到费（在今河南省偃师市缑氏镇西南），故又称为费滑。（译者注）

1 这支秦军共有三百乘车兵，在被弦高诈退后，他们在回师途中顺便洗掠了滑国，最后在经过崤山隘道时遭晋国军队伏击而全军覆没。参见本书前文对崤山之战其他细节的论述。

殖列传》记载，范蠡的生意极其成功，"十九年之中三致千金"。

从子贡和范蠡生意发达、富可敌国的故事中，我们可以得知当时经济和商业贸易发展的广泛程度以及商人群体所享有的社会地位的荣耀程度。其中，范蠡在历经多年辉煌的政治生涯之后弃政从商的事例还说明，经商肯定已被时人普遍认可为向上流动的一条途径。只有在商人不但拥有众多的财富而且享有崇高社会和政治地位的情况下，韩非子才会把天子诸侯的权力与商人的财富做如下的类比："上有天子诸侯之势尊，而下有猗顿、陶朱、卜祝之富（《韩非子·解老》）。"假如说上面的例子都还只是些特殊个案，那么，由史籍文献所记载的其他事例，则足以表明商业文化可能在当时城市民众的日常生活中占据了主流地位。根据《史记·苏秦列传》的记载，作为全民战争时期最杰出的纵横家之一的苏秦（？—前284年）在其政治生涯起步之初颇为坎坷。他曾出游数年，向列国君王兜售自己的治世之策以博取功名，却长期知音不遇，无奈之下只得两手空空返回故里。家人嘲笑他说："周人之俗，治产业，力工商，逐什二以为务。今子释本而事口舌，困，不亦宜乎（我们成周人的习俗是经营产业，致力于手工业和商业，以从中赚取那十分之二的利润。如今你却丢掉本业而靠耍嘴皮子谋生，最终两手空空、落魄而归，难道你不是咎由自取吗）！"从这种嘲讽的话中我们可以得知，到全民战争时期，随着城市人口规模的急剧增长，大部分城市居民已不再从事农业，以手工业生产和经商为生已经成为城市居民的一般习俗。上面的这段记录还告诉我们，尽管中国的记史传统偏爱记录少数成就卓著的政治英雄的言行事迹，但实际上当时为市井民众所推崇的并不是所谓的政治人物，而是商人。

范蠡和苏秦的故事同时揭示了当时正在发生的另外一种社会变动——商业城市的涌现。我们知道，处于周朝政治体制之下的城邑最初只是些军事殖民据点。在春秋战国时代，许多国家在战争中社室倾覆，一些幸存下来的国家也已经迁都于新址。然而，国灭都迁之后遗留下来的城邑大部分并没有就此衰落或消失，相反，随着人口的增加、道路与运河体系的拓展以及经济生产和商业活动的兴盛，其中一些城邑逐渐演变为手工业生产和商业贸易的中心城市。比如，由于周朝势力的不断衰弱，东周王朝的都城成周（苏秦的故乡）在全民战争时代早已失去作为全国政治和文化中心的地位，而是发展成一个商业中心城市。范蠡经商发家之地——定陶，原本是曹国的都城。公元前 487 年（鲁哀公八年）曹国为宋国所灭，五年之后，吴国修成连通泗水与济水的运河——菏水。由于位于济水之畔，又临近菏水，定陶的特殊地理位置使它很快发展成当时整个中国最为重要的货物集散地和商业中心城市。范蠡显然是觉察到了菏水修通后将给定陶带来的商机，这也许就是他在菏水修通仅仅几年后会在众多的城市中选择定陶作为弃政从商的福地的原因。[1]

---

1 根据《史记·货殖列传》的记载，当时的商业中心城市还有：秦国的栎、雍，"三晋"（赵、韩、魏）的杨、平阳、上党、中山、濮阳和邯郸，燕国的蓟，楚国的郢、寿春和吴。

不仅在定陶一类的旧都，而且在临淄、邯郸、大梁和咸阳等战国时期的诸侯国国都中，商业文化也在人们的日常生活中占有主流位置。前面对临淄城内集市规模的描述，使我们对临淄城在春秋战国时代早、中期的商业繁荣程度已经有所了解。而到全民战争时期，临淄更是发展成为中国东部主要的大都会之一。苏秦在游说齐宣王（前 319—前 301 年在位）加入六国联盟以共抗秦国时，这样描绘临淄城（《史记·苏秦列传》）：

> 临淄之中七万户，臣窃度之，不下户三男子，三七二十一万，不待发于远县，而临淄之卒固已二十一万矣。临淄甚富而实，其民无不吹竽鼓瑟，弹琴击筑[1]，斗鸡走狗，六博蹋鞠者。临淄之涂（途），车毂击，人肩摩，连衽成帷，举袂成幕，挥汗成雨，家殷人足，志高气扬。

苏秦的描绘不仅向我们传递了关于临淄城市规模的信息，而且使我们了解到临淄城的商业文化及其繁荣程度、居民的娱乐生活的大致情况。当然，和大多数纵横家的著述一样，苏秦的这番描绘肯定少不了夸饰的成分。但可资对照的是，《史记·苏秦列传》还记载了苏秦游说其他几个主要诸侯国国君的情况。由于各诸侯国的情形各不相同，所以苏秦在不同的游说中对不同国家夸饰的

1　筑是一种十三弦乐器。

重点也各不相同；只有临淄确实存在着一定程度的繁荣景象，苏秦才会给出上述天花乱坠般的夸颂。

关于全民战争时期商业文化鼎盛局面的例子，可谓不胜枚举。但是，笔者在这里要强调的是，当时中国的经济和商业的发展局面与前现代欧洲的情形有着根本的不同：在欧洲，在战争驱动的国家集权化过程中，日益增长的政府权力受到经济权力的有效制衡；而在中国，到全民战争后期，国家集权化进程在社会的整体变迁中占据了支配性地位，经济力量则逐渐被纳置于国家权力的控制之下。前已总结过，由李悝、商鞅、李斯、韩非子等人铺张扬厉的法家学说对这一结果的形成产生了重要作用。法家认为，国家在全民战争中制胜的关键，在于是否拥有并控制大量既能生产粮食又可为战争提供兵员的农业人口，高利贷和投机买卖则是农业生产的破坏因素。

思想学说的力量固然不可轻视，但决不是导致政治权力对经济和商业活动形成压倒性优势的唯一因素。欧洲社会的传统组织——包括教会和国家——对商人群体所怀有的不信任和嫌恶态度丝毫不亚于传统中国的统治者。唯一不同的是，春秋战国时代中国的国家权力成功地拢住了日益高涨的商业浪潮，而在欧洲，国家和教会在城市经济和商业活动的发展面前几乎无所作为（McNeill，1982：第 115 页）。这里，商业城市出现的时间到底是在战争驱动的国家集权化进程开始之前还是之后，便显得十分重要。在中国，正如笔者在前文中所论述的，商业经济在城市中的兴盛是与战争驱动的国家集权化进程同步进行的，准确地讲，它只是后者的产物之一。当时中国的商人阶级从未像欧洲的商人那样形成一股有组织的、可与国家相抗衡的力量，中国在春秋战国时期也未曾像西欧的国家那样有过一个不得不依赖商人的钱财来为战争提供经费保障和人员供应的雇佣军（mercenary army）阶段（Tilly，1992）。欧洲"黑暗时代"（中世纪）的城镇与中国的传统城市有着一定的相似之处：这些城市要么是某位主教的行政治所，要么是某位封建领主的军事据点，它们并不是什么经济中心。不过，到17世纪，战争驱动的国家集权化进程在欧洲启动之前，一些最重要的城市已经发展成为独立的商业贸易中心，从而成为欧洲经济和政治格局中至关重要的组成部分。正如已故学者芬纳（Finer，1997：第894页）所曾经评述的，这些城市是"贸易与制造中心，它们的居民是自由民，它们的政府是公共型和议会式政府，它们与传统的封建领主或国王的关系呈现出一个完整的谱系：从受后者的严格控制，到拥有特许的自由权利，直到完全独立于后者。……那些独立的城市复兴了古典的政治模式：它们是共和政体的城市"。

上述差异导致国家与商人阶级之间的关系在中国和欧洲两地沿着截然不同的轨迹演变。在前现代的欧洲，当军事冲突／竞争上升到一个更加激烈的水平时，欧洲国家的国家能力微弱，以至许多国家不能在国内建立一支有力的常备军，同时城市却很

富有，使得"即使是最强大的欧洲统治机器"也不得不依赖于
"国际性的金融和信托市场来为战争以及其他主要活动筹备经
费"（McNeill，1982：第 115 页）。就这样，中世纪欧洲的封建
战争转变为用钱雇佣外国私人武装来打仗的雇佣军阶段（大致从
1400 年持续到 1700 年）。这种从独立于政治势力之外的城市商
人中融资来维系战争竞争的方法，进一步增强了新生的城市资产
阶级的权力。由于春秋战国时代的中国并不存在独立于政治势力
之外的经济性城市，卷入战争中的诸侯列国，也就从来不需要因
为战争经费的问题妥协和交易。在前现代欧洲，国家只有通过谈
判协商才能从城市那里获得它们所需的财富（英国中产阶级提出
的"无代表权则不纳税"的口号可以作为这一论点的一个脚注），
而在全民战争时代的中国，城市，尤其像定陶那样商业发达的中
心城市，却只能沦为列国争夺的战利品。[1]中国商人阶级力量的
脆弱，还使得诸侯列国没有遇到多少抵抗就轻而易举地施行了种
种削弱商人的权力及其财富的政策；与欧洲的情况相反，诸侯列
国可以不依赖商人，仅凭借国家机器把农业人口严厉地组织和控

---

[1] 由于经济上所具有的重要价值，定陶在全民战争时期成为几个国家竞相争夺的对
象。根据杨宽先生的研究（1998：第 129—130 页），公元前 286 年齐湣王（前
300—前 284 年在位）灭掉宋国的主要目的之一就是占取定陶。在此前后不久，秦
国攻打齐国并夺取了定陶。接着在公元前 257 年，秦军在与魏、赵两国军队的交
战中败退后，定陶又易手于魏国。此外，赵国有一次也试图取得定陶。值得一提
的是，秦国在夺取定陶之后将其封给秦昭王母宣太后之弟、曾任秦相的魏冉作为
领地。据《史记·穰侯列传》记载，魏冉在据有定陶之后，其富过于王室。

制起来，通过"胡萝卜加大棒"的办法，即可迫使他们进行生产并为国家战争提供兵员和费用。这就是为什么在前现代欧洲的战争史中，在早期的封建性战争发展到国家化战争之间出现了一个雇佣军战争阶段，而在中国，春秋战国时代早、中期的诸侯争霸战争(与欧洲的封建战争相似)直接转变成全民战争(与欧洲的"国家化"战争相似)，中间并没有经历一个雇佣军战争阶段(Howard，1976；Tilly，1992)。[1] 换句话说，前现代欧洲所经历的雇佣军战争加强了商人和城市有产阶级的地位；而由于这一战争阶段的缺失，中国春秋战国时代的战争则不断促进了国家权力的增强。

此外，由于城市和资产阶级等强大政治力量的存在，当欧洲的战争进入国家化战争阶段之后，战争驱动的国家集权化进程便在意识形态和政治两个领域中遇到了来自资产阶级的有力抵抗。继而，"有限政府""社会契约""无代表权则不纳税"以及"自由、平等、博爱"等观念便应运而生。这些历史发展最终引发了资产阶级革命以及由此而带来的一波又一波的民主化浪潮。与欧洲的情况相反，在中国春秋战国时代转型时期开始的战争驱动型国家集权化进程，在意识形态和政治领域中几乎没有遇到什么有效的抵挡。在意识形态领域，尽管被后世称之为道家的学派主张自由放任的治国政策，而被后人称之为儒家的学派则鼓吹建立道德化

1　笔者此处借用了梯利（Tilly，1992）关于欧洲中世纪战争形态演变过程的历史分期方法，即将欧洲中世纪战争形态演变的过程依次划分为以下四个阶段：封建战争、雇佣军战争、国家化战争和职业化战争。

的政府，但当时没有一个学派能够提出在西方盛行的"有限政府"
（the limited government）等概念。在政治领域，全民战争时期
涌现出来的商业性城市并不是由商人阶级来管理的，商人阶级也
未曾像前现代欧洲商人那样形成一股有组织的政治力量。因此，
中国的商人群体即使长期经营后也积累了巨额财富，但在军事冲
突 / 竞争所引发的国家集权化进程面前却显得不堪一击。这正是
欧洲与中国的历史演变出现如下差异的原因：在欧洲，战争驱动
的国家集权化进程所面对的主要抵抗力量是资产阶级；而在中国
的春秋战国时代，当法家发动改革时，国家集权化进程所遇到的
主要对手却是旧的贵族势力。[1] 在全民战争时期，面对法家改革
对其私人财富和利益的损害，我们没有发现商人阶级做出任何形
式的有组织的抵抗。

这并不是说当时商人群体从未尝试过对政治施加影响，而是
说，由于中国的商人群体从未形成一支独立于政府的有组织的社
会力量，结果，事业成功的商人总是采取个体化的策略在国家
体制的框架内来谋取自身的权力和影响。例如，孔子的弟子子
贡，作为一名十分富有的商人就能经常在比较平等的条件下与列
国的诸侯和权贵们打交道。最为突出的一个例子是吕不韦（？—
前 235 年），因为他个人际遇的荣衰沉浮象征着全民战争时期中
国商人阶级的整体命运。根据《史记·吕不韦列传》的记载，吕

1　一些法家改革的领导者，比如，分别在秦国和楚国推行改革的商鞅和吴起最终均
　　因贵族势力的强烈反对而被杀害。

不韦在经商成为巨富之后，认为投机于政治要比投资于任何商业都有利可图得多，于是，在赵国时，他设法结交在赵国做质子的秦国公子子楚。子楚是秦昭襄王（前306—前251年在位）的太子安国君的儿子，因此将来有可能成为秦国的国王。但问题是，子楚只是安国君二十个儿子中出生顺序排在中间的一个，更何况安国君并不宠爱他（要是子楚受宠爱的话，就不会被送到赵国做质子了）。不过，吕不韦找门路掏重金买通了能够接近安国君的近亲和左右，使安国君最后决定将子楚立为继承人。安国君短命，继承王位不久即去世，子楚随后即位为秦庄襄王（前249—前246年在位）。子楚即位后，吕不韦马上成为秦廷中一位举足轻重的人物。秦庄襄王在位三年便死去了，当时他的太子嬴政——也就是后来的秦始皇（前246—前210年在位）才十三岁。[1] 因此，吕不韦在接下来的十年中就成了秦国政治的实际执掌者。在吕不韦当政期间，许多商人为了寻求保护以及其他政治和商业机会，纷纷投奔而来。结果，商人在秦国一度获得了巨大的政治权力。但是，商人是在政府内部而非外部获得政治权力的，这种情势导致王权与商人群体之间马上就形成了零和博弈的格局，而这种格局最后只能走向摊牌。秦始皇长大成人后，以吕不韦、嫪毐为一

---

1   在公元前221年最终消灭六国、一统天下之后，秦始皇认为"王"的称号已不再能与他的权力和功绩相匹配，于是便采用"皇帝"的称号，表示他所拥有的至高无上的权力。他称自己为"始皇"，是希望他的帝业能够递至二世、三世，以至千万世，永不绝灭。

方、以秦始皇为另一方的两方势力之间的冲突日益激化。[1] 最终，公元前237年，秦始皇粉碎了嫪毐发动的叛乱，作为嫪毐的提携者和资助者，吕不韦也于公元前235年在秦始皇的旨意下被迫自杀。从此之后，商人便丧失了对秦国政治的影响。若与欧洲所发生的情形相比，我们马上会清楚地看到，欧洲的城市与国家之间所存在的讨价还价关系使双方有达成妥协的可能，而中国商人从国家体制内部获取权力的方式却导致国家与商人群体之间的零和博弈格局。结果，在前现代欧洲，国家与新生资产阶级力量实现平衡后，民族国家与市场经济获得了同步发展；而在春秋战国时代的中国，国家集权化进程则获得了压倒性优势。

全民战争和秦帝国的崛起

许多中国的历史学家认为，秦国之所以能够统一天下是由于当时生活在中国土地上的民众渴望获得一个和平的环境（如，杨宽，1998；周谷城，1999）。他们的逻辑是：连绵不断的战争使农民的家计陷入水深火热之中，而在天下一统的情况下，不但农民能够获得休养生息，商人也能从统一后形成的巨大市场中谋取更大的利益。因此，人民支持秦国的统一事业。这种"国家统一出于人民意愿"的论点是很成问题的，因为，笔者实在看不出生

1　据周谷城（1999：第163—169页）先生的研究，吕不韦在秦国得势之后，许多商人纷纷前往秦国寻求机会，嫪毐就是其中的一位。

活在不同国家的个体农民和商人如何能够生发出同样的所谓"统一"的愿望来，而且，即使这种统一的愿望确实存在，它又如何能够在缺乏任何形式的政治表达的情况下转变为国家行为。同样令人难以想象的是，各国的农民或商人为何不去支持列国和平共处的理念，却为了达到统一的目的去支持列国间残酷的全民性战争。最后，对笔者来说同样令人难以理解的是，为何中国的统一就一定会对商人有利，因为正如我们后面马上就要看到的，统一之后的国家能够更为有效地摧毁商人群体的利益。其实，不要说普通民众，就是当时的政治家，甚至法家改革者，直到很晚才有了明确的兼灭列国、一统海内的想法。譬如，秦孝公在公元前356年和公元前350年发起改革时，他的抱负只不过是重建昔时秦穆公的霸业，而不是缔结一个一统天下的帝国（林剑鸣，1981：第176页）。

在笔者看来，秦国统一中国是法家改革之后战争性质发生改变的直接产物。从公元前430年大致持续到公元前350年的法家改革从两个方面改变了战争的性质。首先，诸侯列国在改革之后实力大增，能够在本国内动员大量的成年男性人口和其他巨额资源，将其投入到规模更为庞大、持续时间更长的战争中去。其次，一旦从与封建危机相伴生的一系列麻烦中摆脱出来[1]，这些诸侯国

1　由于封建危机是领土扩张所带来的直接后果，因此，随着封建危机问题日益加重，诸侯列国扩充领土的欲望也大大收敛。正如前文所讲，笔者将这种封建危机引起的领土扩张欲望的收敛称为"封建制度对战争的掣肘"。

家扩张领土的欲望便急剧膨胀起来。于是，战争的目的从原来的争夺霸权（如在霸主时期）转变为扩张领土。新的战争目的与诸侯列国不断增长的国家实力一道促发了公元前419年之后（尤其是前350年之后）全民性战争的出现。这就是为什么整个春秋战国时代有记载的20次伤亡人数超过两万人的战争中，最早的一次发生在公元前405年，最末的一次则发生在公元前245年，并且有15次集中发生在公元前317年至公元前256年的六十一年间的原因。在如此大规模战争的压力之下，中国的中原地区（该地区地形相对平坦，道路网络、天然水系以及人工运河分布密集）再也经受不住多个大国长期的相互争夺与厮杀。全民性战争开始成为推动历史演变的引擎，并为公元前221年秦国一统天下开辟了道路。

　　不过，上述分析并没有对如下问题做出解释：在长达数世纪的军事较量中，为何是秦国而不是其他国家成了最后的赢家？事实上，自公元前770年春秋战国时代启幕以来，秦国在大部分时间里只是一个二流国家。到公元前350年前后，秦国还没有在当时的战国格局中占据主导地位。直到公元前260年秦国在一次极具决定意义的战争中击败赵国之前，是否会由秦国来统一中国依然是个未知数。在当时七个主要的国家中（即所谓的"战国七雄"），除燕、韩两国外，其余五个国家——魏、赵、秦、楚、齐——在战国时期都曾经有过长短不一的辉煌时期（即使是燕国，在公元前284年乐毅率兵几乎灭了齐国后也有过短暂的辉煌）。所以，下面我们就来对为何是秦国而不是另外某个国家统一中国的原因加以解析。限于篇幅，笔者只讨论上述五国中魏、秦两国的情况（这两个国家分别在全民战争时代的前期和后期在诸侯争斗中占据着主导性优势）。首先来看魏国的情况。

作为最早推行法家改革的国家，魏国在转变成为中央集权的科层制国家之后，马上走上军事扩张之路。人们常常以为秦国能够统一中国的原因在于秦国的贵族势力非常弱小，并且发起改革的时间较晚，从而使法家的改革完成得最为彻底。尽管这种看法也许具有很大的合理性，但根据现有的历史资料，要真正评判魏国的法家改革是否确实不如秦国成功和彻底，并不是一件容易的事情。毕竟，秦孝公一死，秦国改革的设计与推行者商鞅旋为秦国贵族所杀（这很好地说明了秦国贵族势力对法家改革的反对程度）。而在魏国，包括李悝、吴起和西门豹在内，法家改革的几位主要设计与推行者在魏文侯（魏国法家改革者的保护人）死后并未遭遇商鞅那样的厄运。何况，当商鞅西去秦国时，他随身带去的就有李悝制定的魏国成文法。换句话说，商鞅的改革很大程度上正是取法于李悝在魏国的改革。除非另有更加坚实可靠的证据，否则，我们很难相信秦国的改革就一定比魏国的改革彻底得多。

依笔者之见，导致魏国衰落的主要原因还是地缘政治因素。前文提及的五个战国时期的主要国家中，秦国居西，楚国居南，齐国居东，赵国居北，唯有魏国居中，处于四面受敌的不利地缘政治位置。而且，魏国的领土从原来的封建领地上承袭而来，整个版图的形状很不连贯：北面的一些领土甚至在赵国境内，成为孤岛般的飞地；即使是主体部分，也被分隔成东、西两大板块，仅靠位于北部上党地区的一条狭窄走廊相连接。魏国在地缘政治上的这种脆弱性质很快显现出来。公元前413年，当魏国进攻秦国的郑县时*，楚、齐两国乘机分别从南面、东面两个方向攻打魏国。由于魏、赵、韩三国在瓜分晋国之后相互之间一度保持着紧密的同盟关系，因此脆弱的地缘政治环境对当时的魏国来说尚未成为一个大的麻烦。但是，正如笔者马上就要论述的，随着后来"三晋"同盟关系的破裂，魏国很快就丧失了在当时战国格局中所处的主导优势。

魏国最初军事扩张的注意力主要集中在西边的秦国。同时，或许是出于对北部领土安全的考虑，魏国花了三年时间占领了由一个半游牧化民族（白狄）所建立的中山国。†公元前419年至公元前408年，魏国在西线战场发动一系列攻势，连战连捷，击破秦国沿黄河一带设置的防线，尽夺秦国在黄河与洛水之间的领

---

* 郑县，即今陕西华县，一说为今陕西华阴县。（译者注）
† 中山国，一说为春秋战国时白狄的一支——鲜虞仿照周朝各诸侯国建立的国家。鲜虞之名，最初见于史籍为周幽王八年（前774年）。鲁定公四年（前506年），中山之名始见于史籍。另一说为前489年左右鲜虞为晋国所灭，原来作为晋国附庸的中山国从太行山西面的黄土高原迁徙到太行山以东地区，从而占据了原来鲜虞等少数民族地区，成为这一地区新的诸侯国。战国时期，中山国位于（转下页）

土*，迫使秦国退守洛水一线并修筑新的要塞设防。同时，为了惩戒趁其忙于西线战事而前来挑衅的楚、齐两国，魏国联合韩、赵两国（即"三晋"）先在廪丘之战中击败齐国（据史籍记载，此战中齐军约有三万名将士阵亡）[1]，继而又分别在公元前400年的乘丘之战和公元前391年大梁之战中打败楚国。[†]显然，在还算比较团结和联合时，"三晋"便能够同时在多条战线上作战，并取得胜利。魏国此时的军威也显得锐不可挡。

　　然而，"三晋"之间的联盟却是短命的。在公元前386年魏国试图干涉赵国的君权继承危机之后，"三晋"联盟就破裂了。赵国的君权继承危机早在公元前399年就埋下祸根。当时赵烈侯（前408—前400年在位）死后，其弟赵武公（前399—前387年在位）即位；然而，公元前387年赵武公卒后，赵国却又立赵烈侯的太子章为国君，是为赵敬侯（前386—前375年在位）。出于不满，赵武公之子子朝发动武装叛乱，事败后出奔到魏国。由

（接上页）今河北省中部太行山东麓一带，地处当时的燕、赵两国之间。中山国初建都于中人（今河北唐县境内），立中山城为都，《水经注》记载："城中有山，故名中山。"中山国曾三次亡国，两次复国迁都。第一次被晋国灭亡，复国后中山武公于公元前414年迁都于顾（今河北定州市境内）。公元前406年（周威烈王二十年）为魏将乐羊第二次攻灭，公元前381年前后中山桓公复国，迁都于灵寿（今河北平山县三汲乡）。前296年最终为赵国所灭。（译者注）

*　洛水，即今陕西洛河，发源于陕西西北部白于山脉西麓，向东南流经陕西省中部（延安、渭南两地区），在陕西大荔县境内注入渭河（战国时洛水直接注入黄河）。（译者注）

1　廪丘之战是全民战争时期第一次有大规模人员伤亡的战争，另参本书P129注1。

†　乘丘，在今山东巨野西南；大梁，即今河南开封市。（译者注）

于与子朝关系甚笃，魏武侯决定帮助子朝夺取赵国君权。于是，公元前386年魏国出兵攻打赵国，迫使赵敬侯为逃避魏国的军事压力而将都城由原来的中牟迁往邯郸。此后，尽管在公元前380年和公元前378年与齐国的战争中，赵国仍然能与魏国并肩作战，但它们之间的关系已经相当紧张了。事实上，从公元前383年到公元前381年，赵国就已经和魏国卷入到一场长达三年之久的冲突和战争之中。这番冲突有数个国家牵扯进来，并以魏国的失败而告终。[1]这场较量过后，魏国丧失了所有为赵国所分隔的北部领土，特别是它历经三年艰辛才拿下来的中山国（中山国在此次魏国失败后复国）。在经过上述一系列事件之后，正如史籍记载的下列战争所表明的，魏国实际上已经成为一个四战之地：公元前375年和前371年魏国伐楚；公元前373年伐齐；公元前372年和前370年伐赵；公元前379年赵国犯魏；公元前370年和前369年韩、赵两国攻魏；公元前368年齐国犯魏；公元前366年、前364年和362年秦国伐魏。

在上面所列的历次战争中，尤以公元前364年秦、魏两国的

1　此次冲突的大致过程如下：公元前383年，赵筑刚平城（今河南清丰西南），大举攻卫，卫国不支，向魏求援。魏武侯出兵救卫，败赵军于兔台（今河南清丰西南，一说在今河北境内）。第二年，赵又围卫，卫又向魏求援。魏于是出兵攻赵，夺得赵地刚平，进而攻至赵邑中牟（今河南鹤壁西），占取赵国黄河下游以东土地。赵国惊恐，只得向楚国求救。楚悼王立即出兵救赵，与魏军"战于州西，出梁门，军舍林中，马饮于河"（《战国策·齐策五》），兵锋直抵黄河两岸。赵乘机反攻，取魏棘蒲（今河北魏县南）、黄城（今河南内黄西北）。楚、赵大胜。随着对土地的争夺日益激烈，"三晋"之间的裂痕也逐渐加深。

石门（今山西运城西南）之战最为关键。此战是魏国在与秦国长达五十余年的军事较量中遭受的首次重大挫折。据史籍记载，此战魏国共有六万名将士为秦军所杀。此次战争连同公元前 362 年魏国在另一场与秦国的战争中（少梁之战）的失利，迫使魏国在公元前 361 年将都城从原来的安邑（今山西夏县西北）迁至位于其领土东部的大梁。魏都东迁并不像很多人所认为的那样仅仅是一次退却行动，而有可能也是一种战略选择——魏国想把其地缘政治战略的目标转移到东方。撇开魏都东迁的真实意图不论，此次行动很快便被证明是失败之举。魏国在战略注意力东移后先在公元前 353 年的桂陵之战中惨败于赵、齐两国 *，后又在公元前 341 年的马陵之战中败于齐国——在这次战争中，魏国太子申在战斗中被杀（一说被俘后被杀），将军庞涓自杀，十万魏军大部被杀或被俘。† 就在马陵之战之后的公元前 340 年，秦国借魏国东线战场失利之机又在西线战场击败魏国，收复了黄河西岸原来

---

* 桂陵，在今河南长垣西北，一说在今山东菏泽北。桂陵之战的起因大致如下：为了摆脱魏国霸权的控制，进而达到兼并土地、扩张势力的目的，赵成侯于公元前 356 年在平陆（今山东汶上）和齐威王、宋桓侯相会结好，同时又和燕文公在阿（今河北高阳县西北五十里）相会。赵国的行为引起魏惠王的极大不满，适逢公元前 354 年，赵国向依附于魏国的卫国发动战争，迫使卫国屈服称臣。于是魏国便藉口保护卫国，出兵包围赵国国都邯郸，强行攻打。赵与齐有同盟关系，遂于前 353 年向齐国求援。齐军采取围魏救赵的策略，直攻大梁，迫使在赵国的魏军主力回救，在其回师途中与齐军决战于桂陵。（译者注）

† 马陵，在今山东莘县西南（旧说在今河南范县西南），一说在今山东郯城马陵山。公元前 341 年，魏国攻打韩国，韩国向齐国求救，齐国发兵攻魏，魏军于是撤离韩国，东向迎击齐军，于马陵遭齐军伏击。（译者注）

属于秦国的所有土地。从此之后，魏国在战国格局中就失去了支
配性的优势地位。

　　据说，在桂陵和马陵之战时，齐军均是由田忌及其军师孙膑
指挥的。我们知道孙膑其人，还因为某些史籍文献记载他曾经写过
一本名为《孙膑兵法》的兵书，而该书可能早在东汉就已经佚失了。
我们知道，另一位生活年代比孙膑早一百多年并与其同姓的军事
家——孙子著有一本《孙子兵法》。不过，孙子的书得以保存下来，
并成为中国最早的也是最为重要的军事著作。由于东汉以下的史
学家无人得睹孙膑兵书的真容，因此，人们历来怀疑孙膑本人是
否真的写过一本《孙膑兵法》，以及历史上是否真的有过孙膑其人。
1972 年在银雀山西汉墓葬中同时发现了分别由孙子和孙膑撰写
的兵书，因此，我们如今已经能够确信历史上不仅确有孙膑其人，
而且在桂陵和马陵之战中齐国军队的确都是由孙膑指挥的。

　　正统的中国史学著作一般将桂陵和马陵之战中魏国的失利归
咎于魏将庞涓平庸的军事指挥才能，以及齐军军师孙膑机动灵活
的高超战术。也许这种说法具有一定的解释力（实际上，如今一
些为庞涓翻案的文章已经对这种说法提出了批驳），但笔者想强
调的是魏国战败背后的深层原委。桂陵之战同马陵之战在战争过
程上几乎如出一辙。一开始，均是魏国发兵攻打与其同属“三晋”
的另外两个国家：桂陵之战攻打的是赵国，马陵之战攻打的是韩
国。在这两场战争中，齐国均是等到魏军与赵军或韩军战斗到精
疲力竭时才出兵驰援，以坐收渔翁之利。桂陵之战时，齐国是在

魏军包围赵国都城邯郸达一年之久并最终攻陷邯郸之后才发兵攻打魏国的；而马陵之战时，齐国同样是在韩国五败于魏军之后才出兵救援的。而且，在这两场战争中，齐军皆未奔赴魏、赵或魏、韩交战的战场参战，而是直接进攻魏国都城大梁，迫使魏军主力不得不从异国战场回师救援，然后齐军设伏于魏军回师途中，以逸待劳，从而取得胜利。通过在这两场重要战争中大获全胜，孙膑确定了自己作为一位杰出军事指挥家的地位，但庞涓的失败却不能单单归因于历史文献所描述的他个人在军事指挥上的无能。我们不妨换一个角度来考虑一下，假如"三晋"仍旧像公元前 386 年之前那样团结一致的话，即使有孙膑这样的军事天才相助，齐军也不可能会取得像桂陵和马陵之战那样辉煌的战果。可是，一旦"三晋"出现内讧，相互之间开始攻伐厮杀，魏国就面临四面受敌的险峻局势，其地缘政治环境必然进一步恶化。举例而言，在桂陵之战时，不仅齐国乘机攻打魏国，秦国也趁势入侵魏国西部的领土，并攻陷了魏国两座非常重要的城池——元里和少梁（据史书记载，元里之战魏军被秦军斩首七千级*）。尽管此时与其他任何一个诸侯国家单独比较，魏国的军事实力仍然占有上风，但要同时在多条战线上应付来犯之强敌，笔者怀疑纵是孙膑也难以取胜。

---

* 元里，在今陕西澄城县南，关于元里之战可参见《资治通鉴·卷二周纪二》（显王十五年）。（译者注）

　　与魏国相比，秦国的起点完全不同。公元前770年，在西方蛮族犬戎攻陷镐京后，周平王将京都东迁至成周。同一年，周平王将岐山以西的土地赐封给秦襄公（前777—前766年在位），此即秦国封国之始。然而，秦襄公所受的封地在很大程度上只是徒有虚名而已，因为岐山以西的大量土地已被从北方干旷草原地带迁来的畜牧民（当时尚没有出现骑马游牧的游牧民族）所占据。为了立国图存，秦国不得不与这些畜牧民多年争斗。不过，由于秦国经常与这些畜牧民交通往来，秦人也就在不知不觉中沾染上了畜牧民的许多文化和生活方式——因为这一点，中原列国有时也将秦国称为戎狄之国。比如，与其他国家相比，秦国政府一直更为集权，其结构形式也很简单，其中就有畜牧民传统的影响。有些学者总是试图将秦国军事征战上的成功与其推行的法家改革的彻底性联系起来。他们的逻辑是：既然法家改革的首要目标是建立中央集权的科层制国家，那么，贵族必然会成为改革的直接牺牲品。于是可以推断，在那些强政府弱贵族传统的国家，法家改革不言而喻将会更为成功。上述逻辑推理当然很有道理。正如图三所清楚地表明的，秦国的贵族势力在整个春秋战国时代主要的诸侯国家中是最弱的。前面曾经提到，春秋时期某些国家的国君被本国贵族弑杀的比例高达一半左右。而同一时期，秦国只有一位国君（秦出公）被贵族所弑。秦国贵族势力弱小的传统很大程度上与畜牧民文化的影响有关。与当时中原地区的华夏诸国相比，北方的畜牧民所建立的国家通常都保持着非常简单的政府形式。由于几百多年来一直与诸多畜牧民国家共存相处，秦国社会也不可避免地打上了畜牧民传统的这一烙印。

尽管如此，秦国国君集权而贵族势力弱小的传统更多地还是与秦国国君，尤其是秦武公（前 697—前 678 年在位）强化君权的努力有关。秦武公是在秦出公（前 703—前 698 年在位）被弑之后由弑杀秦出公的那三家贵族拥立为国君的。倘若这样的事情发生在中原诸国，新立的国君通常要么被支持他即位的贵族所控制，要么与这些贵族保持着亲密的关系。而秦武公在其权位稳固之后不仅立即诛杀了拥立他的三名贵族，而且夷灭了他们的家族。结果，在随后二百五十年的时间里，秦国没有一位国君被贵族弑杀。除了夷灭那三家贵族之外，秦武公还采取了另一项加强君主集权的措施，即对新获取的领土采行县制来管理。由此可见，县制在此时出现于秦国并非偶然。秦武公在位时还实行了以活人从死的殉葬制度，这项制度明显地带有畜牧民文化影响的痕迹，在当时都被认为是一种野蛮的做法。但是，如果进一步考察，我们很快就会发现秦国历代许多用于殉葬的活人都是很有权势的贵族或官员。因此我猜测，秦武公所设立的活人殉葬制度可能也是一项加强君权的措施。[1] 秦国的殉葬制度直到秦献公（前 384—前 362 年在位）时才被废止。这一变动同样也许不是偶然的，因为，

---

1 例如，秦穆公死时就有子舆氏家族的三位将军（即奄息、仲行、鍼虎）为其殉葬。之所以选中他们殉葬，很可能是由于他们在朝廷中的势力过于强大的缘故。由于这三人皆是良臣，故秦人哀之，作《黄鸟》之诗以讽刺秦穆公的虐政，见《诗经·国风·秦风·黄鸟》。

此时秦国的法家改革在秦献公的推动下已经初具规模，沿用已久的活人殉葬制度在加强君权方面已经不再具有意义。

秦国贵族势力弱小这一因素肯定有利于法家改革的成功，但这种成功对于秦国在对外征战的胜利所发挥的作用也不应过分夸大。如果拿秦国与楚国相比，秦国的改革无疑更为彻底，但如果将秦国与其他一些国家特别是魏国相比，情形可能就大为不同了。虽然如图三所示，春秋时期晋国（"三晋"的前身）贵族阶级的势力非常强大，但是如前所述，晋国大部分贵族世家都在封建危机引发的内斗中灰飞烟灭了，最后剩下的赵、韩、魏三家则瓜分了晋国，分别建立了自己的国家。因此，到法家改革开始时，魏国以及赵、韩两国的贵族势力实际上已经非常弱小，因此才会出现上文所提及的情况，即魏国的几位主要法家改革者在魏文侯去世后无一人被贵族杀害，不像秦国改革的领导者商鞅在秦孝公死后马上就被贵族杀害了。[1]

总之，秦国统一中国之后，秦国以外诸侯列国的史书基本上被秦始皇焚烧了。因此，与对其他诸侯国法家改革情况的了解程度相比，今人对秦国法家改革情况的了解要多得多。这种史料上的局限性会给我们造成秦国的法家改革，远要比其他任何一个国

---

[1]　我们也可以说，魏国的法家改革者在魏文侯去世后没有被国内的贵族杀害，主要是因为他们的改革十分肤浅因而没有怎么伤害到贵族的利益。但从散见于各类史料的对李悝、吴起、西门豹等人事迹的描述、对商鞅变法的思想和经验源泉的描述，以及魏国在改革后所展示出来的雄厚的军事实力来看，魏国的改革肯定无疑是非常深广的。

家深入得多的这样一个印象。但是，从另一方面来看，秦国有着长期的君主强权传统，秦国的法家改革又要比其他国家的改革在时间上发生得晚一些（这意味着秦国在改革时能够借鉴和汲取其他国家早先改革的经验与教训，从而能够更加连贯一致地将本国的改革推行下去）。这两个因素肯定是有助于秦国法家改革的成功的。笔者这里想提请大家注意的是，在承认秦国的法家改革对其最终能统一中国的意义同时，我们也不应忽略轻视其他一些可能有利于秦国在对外征战上取得最终成功的因素。

与战国时期的其他国家相比，秦国至少具有以下优势条件。第一，秦国拥有比较理想的地理条件和地缘政治环境。由于地处中国的西部，秦国的领土在海拔上要高于位于东方的其他国家，而秦国境内所有的主要河流均与自西向东流向的渭河相连。因此，借助水系之利，秦国能够快速将军队和军事补给运送至作战地区。反过来，这样的地理条件使得其他国家在向秦国本土进军时必须逆水西上，从而难以保障军事补给以支撑与秦国的长期战争。[1] 秦国的核心地带的地缘政治环境也非常理想。秦国以外

1　在公元前262—前260年的长平之战中，赵国败于秦国。据史书记载，大约有四十五万名赵军被秦军坑杀。就在长平之战开始之前，赵孝成王的叔父赵豹劝告赵孝成王不要与秦国为敌，他最主要的理由是："且秦以牛田、水通粮"，因此赵国是打不赢秦国的（《战国策·赵策一》）。此外，西汉前叶杰出的政治家晁错曾经对为何是秦国而非其他国家统一中国的原因提出过自己的见解："臣闻秦始并天下之时，其主不及三王，而臣不及其佐，然功力不遲者，何也？地形便，山川利，财用足，民利战。"（见《汉书·爰盎晁错传》）

的其他国家至少同时在两个方向上有遭受强敌进攻的可能，而由于地处中国偏西的位置，并且秦岭山脉作为一道天然屏障有效地阻挡了南来之敌，秦国只需将其地缘政治的战略目标盯在东方就可以了。[1]

在全民战争时期刚刚揭幕时，秦国还只是一个二流强国，它的战略目光也局限于黄河中游以西的土地。假如魏国不是先去攻打秦国而是先在中原地区扩张经营的话，秦国极有可能直到很晚时还在打瞌睡。然而，全民战争时期一开始，魏国便将向西扩张确定为自己的战略方针。问题是，面对来自南面和东面其他国家的军事威胁，魏国并不能将它在地缘政治战略上的注意力全部固定在西面战场。从这个意义上说秦国是一个很幸运的国家：一方面，向西扩张的魏国因为不能保持它的军事注意力而使秦国得以幸存；但另一方面，西扩的魏国夺取了黄河中游以西秦国的大片土地，对秦国构成了严重威胁，激起了秦国精英阶层的危机感，为秦国后来推行法家改革廓清了道路。就这样，魏国向西军事扩张在不期然间唤醒了一个沉睡的巨人。

秦国在很长时间里一直处于各类游牧部族以及由游牧部族所

---

[1]　诚然，秦国的西北边境也并非全然安全无虞，几个游牧民族建立的王国尤其是义渠偶尔也会对秦国构成一定的安全威胁。不过，与秦国东方的敌人相比，秦国周边的游牧民族国家的实力通常比较弱。事实上，根据史籍文献的记载，除了一两次很小的失利之外，秦国对这些游牧民族国家一直保持着绝对的压倒性优势。公元前 362 年和公元前 272 年，秦国先后灭掉了位于其后方的两个游牧民族国家——獂和义渠。

建立的国家的包围之中。在这种环境下锻炼出来的秦国士兵一直
以骁勇善战著称。但作为事物的另一面，秦国在整个春秋时代从
未成为华夏文明的中心，它的官学教育体系也不怎么发达。这就
是为什么在后来涌现出来的"诸子百家"中没有一家出自秦国的
一个主要原因。实际上，秦国根本就没有能力培养出足够多的具
有非凡才能和智慧的本土政治家。然而，这一缺陷却带来了意想
不到的积极后果——由于秦国崇尚中原地区一带的文化，再加上
人才一直严重缺乏，秦国在人才问题上从来就持有非常开放的胸
怀。自秦穆公以降，秦国一直致力于吸引国外的人才前来效力。
全民战争时期，随着私学教育的蓬勃发展，许多国家可能都出现
了人才相对过剩的情况；对于那些满怀雄心壮志、试图博取功名
的青年才俊来说，长期奉行对外开放政策的秦国便成为一个极其
具有吸引力的去处。秦国因此而成为当时各国中最重要的人才接
纳国。清代著名学者洪亮吉（1746—1809 年）就曾指出大部分
秦国的高级官员都不是秦国人。[1]确实，秦国主要的政治家，比
如商鞅、张仪、甘茂、穰侯（魏冉）、范雎、吕不韦和李斯等等，
全部来自其他国家，并都在秦国对外征战所取得的胜利中发挥过
至关重要的作用。而上面列举的还只是秦国所招徕的人才的一小
部分而已。

秦国的法家改革开始于秦献公。尽管当时的改革在内容和力

---

[1]   另请参看杨宽（1998：第 445 页）。

度上都还相当有限，但它仍然帮助秦国逐步扭转了在与魏国的军事较量中所处的劣势地位。在商鞅推行更为系统的改革之后，秦国的经济与政治实力得到了进一步的发展。自公元前 341 年魏国在马陵之战中惨败于齐国并因此沦为二流国家之后，秦国便开始成为战国格局中的主导者。不过，秦国最初的军事战略目标是相当有限的。从公元前 366 年到公元前 322 年，除了和韩国打过的两仗之外，秦国进行的其他所有战争都是在东面与魏国开展的领土收复和争夺战。根据历史文献记载，在这段时间内，秦、魏两国总共打了 16 次战争，并全部获胜。此外，据史书记载，在公元前 364 年的石门之战中，有六万名魏军被秦军杀死；在公元前 332—前 330 年的河西战役中，魏国黄河中游以西的土地最终全部被秦国夺回，还赔上了四万五千名魏军的性命。[1]

随着秦国逐步巩固了对魏国战争的成果，它的野心也膨胀起来。在公元前 320 年之后，秦国开始向魏国以外的国家发起进攻，并且战争的规模进一步加大，持续的时间更长，战斗中伤亡的人数也大大增加。于是，正如前文多次论及的，整个春秋战国时代有史记载的 20 次伤亡人数超过两万人的战争中，就有 15 次集中

---

[1] 据《史记·秦本纪》记载，此次战役中魏军的阵亡人数为八万，而《史记·魏世家》中记载的数字却是四万五千。之所以出现这种情况，很可能是因为司马迁在撰写《秦本纪》时依据的是秦国的文献，而在撰写《魏世家》时则依据的是魏国的文献。很自然，胜者希望夸大自己的战绩，而败者则试图少报自己的损失。因此，真实的阵亡人数很可能就介于四万五千和八万之间。

发生在公元前 317 年至公元前 256 年这六十一年间。在这 15 次大规模的战争中，有 13 次是秦国在朝东、南两个方向扩张时与其他国家发生的冲突。许多历史学者尤其是西方的中国学研究专家认为，战国时期大部分战争的人员伤亡数字被严重夸大了。他们如此断言的主要理由在于，他们坚信当时中国的诸侯列国不可能动员起如斯之众的人口参与战争。笔者也承认这些战争中的人员伤亡数字确有夸大之嫌，但同时认为，这并不能否定当时大规模战争中的人员伤亡确已达到令人惊骇的地步。以长平之战为例，据史书记载，该战中有四十五万名赵军被秦军所杀，这是全民战争时期有史记载的伤亡人数最高的一次战争。学者们自然有理由对这一数字表示怀疑，但从另一个角度来看，毋庸置疑，这次战争中的人员伤亡肯定极其惊人。长平之战持续三年之久，并在交战的秦、赵两国中均引发了严重的经济危机。[1] 在最后的决战阶段，为了赢得这场生死攸关的战争，据史书记载，秦昭襄王调集了国内所有十五岁以上的男性人口，并将他们发往前线以增强秦军的战力。正是由于这一举措，秦国才赢得了这场也许是整个全民战争时期最为关键的战争。笔者同样认为，在公元前 317 至公元前 256 年之间发生的 15 次大规模战争中，史书所记载的人员伤亡数量都相当高绝对不是巧合。在公元前 317 年之前，秦国的实力尚未达到全盛状态；而在公元前 256 年之后，大部分国家对秦国扩

1　见杨宽（1998：第 415 页）。

张的抵抗实质上已经土崩瓦解。准确地讲，从公元前317至公元前256年这六十一年，正是秦国最为剧烈地进行兼并战争的时期。上述战争中人员的伤亡数字与历史演变阶段之间的高度对应关系，使得这些伤亡数字具有一定的可信度，至少具有相对意义上的可信度。那些对战争中的人员伤亡数字持怀疑态度的学者也许没有清楚地意识到，在经过数百年连绵不断的战争驱动型冲突／竞争之后，特别是在经历了法家改革的洗礼之后，全民战争时期的大多数国家几乎完全变成战争机器。它们开凿运河、修建道路、构筑长城，这些国家在当时所达到的组织水平和资源汲取能力在往后多年的中国历史中都无法再次企及。[1]综上所述，关于全民战争时期一些大规模战争的人员伤亡数字，史书的记载或许带有夸张的成分，但当时战争中的伤亡已经达到惊人的水平，却也是不争的事实。

倘若认同史籍中战争伤亡数字的真实性，我们就会得到如下数字：从公元前317年到公元前256年，各国共有近一百五十万士兵死于秦军之手。如此巨大规模的人员伤亡不仅给其他国家带来了深重的人口灾难——因为这些国家不可能在短期内生产出同样数量的兵员人口，而且对其他国家的士兵施加了沉重的心理压力。到公元前256年，所有国家都已经没有胆量与秦国交战了。

1　曼（Mann，1986，第9章）将这种组织能力称为"粗放型技术"（extensive technologies）。

就这样，统一中国的使命落到了秦始皇的肩上。从公元前 229 年起，秦国逐一灭掉其他六个主要诸侯国，到公元前 221 年齐王建向秦军投降之后，中国历史上终于形成了第一个大一统的科层制帝国。

第十章

儒法国家的形成

　　秦国统一中国之后，封建战争便失去了推动历史演变的作用。不过，在下面八十年左右的时间里（大致从公元前 221 年至前 140 年），我们将会看到如下一系列历史事件的相继出现：秦帝国的建立和崩溃、中国历史上第一次大规模农民起义的爆发、汉帝国的兴起、黄老之术作为基本国策的荣衰、政体上中央集权的科层制趋势与去中央集权的封建化趋势之间的冲突，以及最后帝国儒教作为国家统治意识形态的登场，等等。这一阶段的历史当然可以按照多种方式来理解。但从本书所采取的理论视角来看，最好是把这一阶段历史的快节奏演变，理解为由战争驱动机制所带来的不稳定的政治结晶化过程的产物：秦国在统一中国之后所建立的帝国，将其自身的统治基础几乎完全奠定在以往军事冲突／竞争过程中所发展出来的一套严酷的治理技术之上，而国家与社会之间则缺乏契约性的关系，两者进行合作的基础并不存在。因此，除了拥有强大的外观之外，在秦国统一中国之后固定下来的政治体制内在地便具有不稳定的性质。这种不稳定的政治结晶化过程所引发的反弹与波动，为上述八十年间那些主要的历史进展以及高度稳定的帝国形态——儒法国家（在这种形态的国家中，政治权力与意识形态权力合一、军事权力受到约束、经济权力被边缘化）——的最终形成提供了历史性背景。在本部分，我们就对这八十年之中的历史演变予以分析讨论。

秦朝的覆灭

对于秦朝速亡这一历史事实，史学家们曾经总结了多种原因，包括秦始皇的突然死去以及随后发生的一系列宫廷内乱、秦政的严苛以及由此引发的农民起义、六国残余贵族势力中广泛存在的仇秦情绪，等等。尽管这些原因都很重要，但笔者认为秦朝速亡的关键原因，同时也是史学界所指出的其他所有原因得以发生作用的真正深层因素是：秦国在统一中国之后对它囊括天下的组织能力的有效性以及它在全民战争时期发展出来的一套严酷的统治手段过于自信。同时，由于有着在长期战争中逐渐练就而成的超乎强大的科层体制和军事力量，其他社会力量于是就失去了对帝国政府权力的制衡能力。结果，秦帝国从未建立起一套能够成为至少是国家与社会精英群体合作基础的统治性意识形态。

秦国统一中国靠的是对高度工具理性化的法家学说的遵循和

推行。比如，将整个社会纳入到中央集权的科层制政府的组织和管理之下，以实现对全部国民人口的总体性控制；开凿运河、构筑道路交通网络以满足战争的需要；杀死甚至坑埋俘虏以摧毁敌国兵员的人口基础，并打击敌军的斗志；此外，还采取分而制之的策略瓦解敌国之间结成的任何联盟，并通过间谍和贿赂等手段离间敌国国君与军队将领之间的关系。秦国在军事征战上愈是成功，秦国的精英阶层对自己改天换地、掌控国民以及压制哪怕最轻微的不同声音的能力便愈发自信。换句话说，到统一中国的时候，秦帝国已经演变成为这样的一个国家：统治的基础不是奠定在国家与社会整体或社会某一阶层之间的某些契约性关系上，而是奠定在国家对社会进行彻底控制的能力之上。具有反讽意味的是，导致秦帝国迅速败亡的关键性因素恰恰是其力量过于强大。秦帝国在渗透和重组社会方面揽取了极其巨大的权力（这是法家改革所引发的"行政管理革命"的一项成就），因而出现了中国历史上国家权力首次不受任何社会力量有效制衡的局面。正如中国和世界历史上所一再上演的那样，这样一种政治体制所带来的只会是灾难性的后果。

可能没有人会否认如下事实：即使按照今天的标准来衡量，秦帝国在同一时期内所致力的事业都不能不说太过庞多。让我们列举一下秦始皇在统一中国后在位的十一年间所试图完成的一些最重要的"事业"。在这十一年中，秦国建立了一个非常完备的科层制帝国，其中，皇帝本人则被赋予至高无上的权威。秦国全部拆除了先前诸侯列国修筑的防御性长城体系和路障，同时对已有的道路和运河系统大加扩建以便利各个地区之间的联系。秦始皇强迫那些被其兼灭的诸侯国家的贵族和普通民众迁居到新的地区以铲除他们的势力根基，并加强对他们的控制。[1] 秦始皇还派遣号称有五十万之众的大军向现在的浙江、福建、广东以及广西等省、区所在的中国南方发起数次远征，并且在中国历史上第一次将这些地区并入帝国的版图和中央政府的管理之下。秦始皇在中国北方也发动了一系列军事攻势：将胡人驱赶回北方的农耕区域之外；同时，为了防御北方游牧民族的侵扰还修筑了西起临洮、东入辽东的万里长城。秦始皇还统一了中国的文字、货币和度量衡体系，颁布一整套极其细密的法律体系。在这套秦律下，普通农户必须缴纳高额的税赋并无偿为国家提供一段时间的劳役，许多在后世来看是很小的过失也会受到严厉的惩罚。此外，秦始皇还派人营造壮美华丽的皇家宫殿阿房宫，并为他本人修建了宏伟庞大的骊山陵墓。为了钳制任何对秦朝的专制统治不利的思想观念、清除民众对过去封建时代的记忆，秦始皇下令查禁和焚烧秦国以外所有诸侯国家的史书及战国时期诸子百家的大部分著述（他还坑杀了四百多名儒生和方士）。最后，为了展示自己所取得的辉煌功业，秦始皇先后五次巡游天下，并最终于公元前210年死在他南巡的途中。

1　据《史记·秦始皇本纪》记载，公元前221年秦始皇徙天下豪强十二万户于秦都咸阳，以便更好地控制他们。

　　这里没有必要再强调修建万里长城、长距离驰道体系等浩大工程所征发的劳力的惊人数量，也没有必要再强调大规模强制性移民和焚书政策给社会各阶层所带来的痛苦及引发的种种不满和抵抗，我们只消把目光投注到当时修建的一项看起来规模较小的工程——骊山秦始皇陵，就可以让读者对秦帝国这个集权国家给当时中国社会带来的灾难之深重有一个大致的认识。

　　秦始皇陵的修建在秦始皇刚刚改号称帝之后便开始了。统一中国之后，为了保证骊山陵墓早日建成，秦始皇从全国各地征调了七十万名"刑徒"为他修造陵墓。[1]根据史书的记载，在整个陵墓的中央是一座高达 120 米、周边长达 2167 米的人造山丘。历经两千多年的风雨侵蚀以及其他各种地形变化，到 1906 年，骊山陵仍有 76 米之高、四围有 2006 米之长。[2]由于秦始皇陵从来没有被挖开过，因此，我们并不知道这座陵墓内部到底有些什么。但从《史记·秦始皇本纪》的相关描述来看，秦始皇的陵墓无疑是一座极其复杂精致的工程。整座秦始皇陵的华丽与壮美可以从 1974 年出土的秦代兵俑中窥见一斑。这些兵俑是制作来防守秦始皇陵的，威武雄健，真人一般大小，至少有七千具。正如研究专家们所认定的，目前这些已经出土的兵俑还只是当时用来防卫秦始皇陵的全部兵马俑群的一小部分而已。黄仁宇（Huang，1997：第 37—38 页）的生动描绘为我们传达了秦代兵马俑那令

1　这些罪犯中大多数是被秦国所灭的原先其他诸侯各国的工匠。

2　见"秦始皇陵调查简报"，载于《考古》杂志，1962 年第 8 期。

人难以忘怀的奕奕神采：

　　这些真人一般大小的陶制兵俑配备着实用的兵器和战车，陶塑的马匹保卫着主人留下的空挡。整个场面一方面表现出设计之大气魄，一方面也表现着细微之处的精到认真。所塑士兵好像是根据活人为模型仿制，没有两个一模一样。他们脸上的表情更是千百个各具特色。他们的头发好像根据同一的规定修薙，可是梳时之线型、须髭之剪饰、发髻之缠束仍有无限的变化。他们的头盔装饰有排列成图案的圆点，腰带上佩有金属吊钩，所穿戴的甲胄塑成时显示是由金属板片以皮条穿缀而成，所着之靴底上有铁钉。兵士所用之甲，骑兵与步兵不同。显而易见的骑兵不用防肩，以保持马上之运转自如。军官所用之盔也比一般士兵用的精细，其铁工较雅致，甲片较小，而用装饰性的设计构成。所有塑像的姿势也按战斗的需要而定：有些严肃地立正，有的下跪在操强弩，有的在挽战车，有的在准备肉搏。总之，全部正好是秦步兵一师，侧翼有战车及骑兵掩护，准备随时与敌军一决雌雄。[*]

---

[*]　为了准确地表达作者的原意，该段文字的翻译基本上采用了黄仁宇 *China, A Macro History* 一书中文版的相应表述，见《中国大历史》第 38 页，生活·读书·新知三联书店，1997 年 5 月北京第 1 版。（译者注）

据估测，即使采用今天的工艺技术来制作一个这样的兵俑，也要花掉五到六名工艺师两个多月的时间才能完成。[1]可以想象，当时为了制作全部兵马俑所需要的工匠人数该有多么庞大，更不用说这些兵马俑只是整个秦始皇陵的一个外围设施而已。据估计，当时整个中国有百分之十五以上的人口被征集来为秦帝国修造各种国家工程（林剑鸣，1981：第393页）。因此，毫不奇怪的是，为了修造国家工程，有秦一朝甚至许多妇女也被征调来输纳劳役。[2]

如此残暴的政权没有哪一个是能够长命的。秦始皇在他第五次巡游天下的路上死去之后，一场帝位继承危机立即爆发。在这场宫廷斗争中，二十来位皇子（包括太子扶苏）以及十余位公主要么被杀，要么自杀。一年之后，亦即公元前209年，陈胜、吴广就发动了中国历史上的第一次农民大起义。陈胜和吴广是秦朝政府从今天的河南省南部发配到渔阳（在今北京市境内北部）戍边的九百名劳役中的两名成员。依据秦律，如果不能准时到达目的地，他们所有的人都将被判死罪问斩。由于在前往渔阳的途中遇到大雨，道路受阻，这九百名戍役已无望按规定准时赶到渔阳。既然横竖只有死路一条，陈胜、吴广干脆就杀掉了押送他们的两名官吏，揭竿起义。

1　见白寿彝、高敏、安作璋、廖德清、施丁主编（1995：第230页），《中国通史》，第4卷（上）。
2　同上。

陈胜、吴广领导的起义军迅速扩大到数万之众，其他地方的农民以及原先六国的遗族也纷纷起义，一时间天下风动影从。尽管陈胜、吴广后来均被杀害，但全国各地的起义力量却日益壮大，并最终于公元前 206 年推翻秦的统治。秦朝灭亡之后，分别由刘邦和项羽领导的两路反秦大军很快便开始了争夺政权的较量。这场内战持续五年之久，最后项羽一支的势力被消灭，刘邦建立了汉朝。

西汉初年的历史演变

汉朝肇建伊始就沿袭秦朝的科层政治体制。尽管如此，汉初政治仍在两个关键方面与秦朝政治表现出差异：第一，秦朝实行的是中央集权的科层政治体制，而汉朝的政治体制（特别是在汉初）却同时包含科层制和封建制。正如下文所要论及的，由于这种政治体制给西汉初期的政治带来极大的麻烦，中国众多史学家对西汉的开国者为何从一开始就采取这样一种政治体制，而不是完全的科层制感到疑惑。依愚之见，汉代初期的统治者是迫于当时的历史环境条件才不得不采取上述政治体制的。秦帝国在统一中国之前，已经完全控制了自己领土上的军队和地方势力，或者说已经是一个中央集权的科层制国家。同时，在统一中国的过程中，秦帝国没有需要其他军事势力的帮助，因此建国后能够立刻将其政治制度中的封建因素涤除干净，然后实施一套非常细密完备的科层政治体制。但就汉帝国而言，刘邦虽然当上了汉朝的开国皇帝，但在秦、汉两朝更替之际的内战中，他所领导的军队仅仅是当时众多反秦力量中的一支。事实上，刘邦的军队甚至不是当时争夺政权的多路势力中最强的一个。只是凭借与其他几个强大军事势力的联合，刘邦才最终得以在五年的内战中打败自己的头号对手项羽并再次统一中国。[1] 在这种历史背景下，刘邦不得不将王号及几乎半壁江山封授给当时的七个主要军事首领。换言之，汉朝在开国初期其实部分地采纳了周朝的封建传统。

第二，在汉朝建立之初，中国当时的知识精英有着如下共识：强秦的覆灭端因其暴虐的高压统治。同时，秦帝国的苛政以及公元前 209 到公元前 202 年长达七年的内战也给当时的百姓带来巨大的伤亡和痛苦。为避免重蹈秦朝的覆辙，也为了与民休息，与秦朝的统治者不同，汉初的统治精英们采纳道家的黄老之术，实行无为之治。黄老之术的核心理念在一定程度上近似于亚当·斯密的所谓的"看不见的手"，两者皆认为只要国家简刑省法、轻徭薄赋、任民自治产业，便可实现国泰民安、天下大治。[2]

1　刘邦的主要盟友是韩信、彭越、英（黥）布。楚汉战争时期他们均被刘邦分封为王，刘邦称帝之后又将其逐一消灭。

2　见《史记》（"萧相国世家"和"曹相国世家"）。汉初的两位丞相萧何和曹参是推行与发扬黄老治术的关键人物。据《史记·曹相国世家》的记载，为了推动黄老之治，曹参甚至"择郡国吏木讷于文辞，重厚长者，即召除为丞相史。吏之言文刻深，欲务声名者，辄斥去之"。

汉初政府所采取的无为而治的国策取得了极大的成功。在往后七十年的时间里，农业生产得到巨大发展，商业活动再度焕发生机，许多地区的人口规模至少增长了三倍。[1] 然而，汉初所实行的另一项国策，即封建化政策，很快就成为国家的不安定因素。甚至刘邦尚在世的时候，一些封建王侯就开始反叛汉室。刘邦在位的最后几年，不得不殚精竭虑地逐个剪除早先被其授予王号的七个封建诸侯。中国的正统史书一般将汉室与诸侯王国之间爆发内战的原因归咎于那些诸侯王篡夺帝位的野心。尽管不能排除这种可能性，但在笔者看来，汉室与诸侯王之间的战争更像是一种"自我实现的预言（self-fulfilling prophecy）"。

在这里起关键作用的是春秋战国时代给时人所留下的不可磨灭的历史记忆。《左传》开篇就讲了一则"郑伯克段于鄢"的故事。郑庄公采取欲擒故纵的策略，待其弟共叔段的封建势力坐大后行将谋反之际出兵镇压了他的叛乱活动。事实上，势力坐大的封建领主如何危及中央政府的事例在整部《左传》中可谓俯拾皆是。公元前6世纪中叶的楚国政治家申无宇曾经用"尾大不掉"的比喻来警示楚灵王封建势力过强所蕴含的危险。"尾大不掉"的比喻如此生动形象以至于该词很快成了一个成语，直至今天仍为中

---

[1] 比如，据记载，当西汉初建之年，所分封列侯之食邑大侯不过万户左右，小侯不过五六百户。逮至汉文帝、汉景帝之世，列侯之食邑大者至三四万户，小侯翻倍。见《汉书·高惠高后孝文功臣表》。

国人所常用。[1] 下面孟子的一段著名论述也同样精辟地总结了儒家对封建体制欠缺稳定性的看法："五霸者，三王之罪人也；今之诸侯，五霸之罪人也；今之大夫，今之诸侯之罪人也。"[2] 实际上，从前文所讲的霸主时期开始，"封建体制不可避免地会引发威胁中央权威的政治危机和战争（即封建危机）"这一观念就逐渐成为中国政治智慧的一部分。这种历史记忆和政治训示一旦为身处现实政治中的人们所谨记鉴戒，就会加速封建危机本身的发展进程。正所谓"前事不忘，后事之师"，史鉴昭昭之下，刘邦与他分封的诸侯王之间断无建立起信任关系的可能。由于这些诸侯王各拥精兵劲旅，刘邦自然视其为心腹大患；而这些诸侯王也深知不论他们如何小心翼翼、韬光养晦，只要自己还拥有个人武装，刘邦就不会对他们放心。在这种格局下，一方的任何举动都极其可能被另一方视为敌对行为。因此，刘邦与这些诸侯王之间的关系迅速恶化。在刘邦死前的数年中，他不得不亲率大军（他甚至在病情已经非常严重时仍坚持御驾亲征），将上述七个诸侯王及其势力斩尽杀绝。

　　然而，在竭力铲除上述诸侯王势力的同时，刘邦在晚年又给自己的儿子们封王授土，并与大臣们约言："非刘氏而王者，天

1　在与楚灵王的对话中，申无宇还列举了数个国家十余例封建领主在势力坐大之后叛乱的故事。见《国语·楚语上》，另参见《左传》昭公十一年。

2　见《孟子·告子下》，第287页。

下共击之。"[1] 以刘邦的个人经历和政治智慧而言,他应该知道这种做法同样会破坏汉室政权的稳定性,那他为何又另外亲自创设了这种封建体制呢?倘若脱离具体的历史环境,这个问题的确令人费解。笔者觉得,刘邦此举的主要目的是为了保护刘姓宗室的安全,并借以制衡其妻吕后的势力。吕后的权势到刘邦临死之际已经炙手可热,刘邦死后不久她就成为中国的实际统治者,临朝称制达十五年之久。吕后在主政期间先后杀掉了数个被其视为威胁的刘姓诸侯,并将自己的四个外甥分封为王。到这时候,刘邦的约言就显示出了它的先见之明,因为该约定的存在消解了吕后分封吕氏外戚的合法性,从而增大了科层官僚对吕后专政弄权的抵制。[2] 此外,由刘氏宗室成员控制的数个强大诸侯王国(尤其是齐王国)的存在,也对吕后家族的势力构成制约,并在吕后死后平定诸吕的宫廷斗争中发挥了主要作用。[3]

但是,从长远来看,刘邦分封刘氏宗亲的政治体制安排留下了诸多后患。虽然是刘氏宗亲在掌政各国,但封建制度所具有的那种内在的不稳定性并没有消失。于是,前面所讲的"自我实现的预言"这一机制依然会发挥作用。在吕后家族被平定之后,中央政权与诸侯王国之间的冲突便在接下来的汉文帝(前180—前157年在位)和汉景帝(前157—前141年在位)两朝上升为主

---

1   见《汉书·王陵传》,另参见同卷"周亚夫传"。

2   见《史记·吕太后本纪》,第506页。

3   同上,第509页。

要问题。这种冲突以汉文帝在位早期两位诸侯王（济北王和淮南王）的叛乱为开端。虽然这两场叛乱事件之间互无关联，依我来看它们的出现也并不意味着总体性封建危机的来临，但是由于有了历史前鉴，汉廷的某些大臣于是将它们看作风雨将至、国家有变的预兆。比如贾谊立刻就疏谏陈情于汉文帝，认为这两场诸侯叛乱决非偶然事变，如果众诸侯王继续保有强大的势力，这样的叛乱就会频繁发生。作为矫救之策，贾谊建议汉文帝将现有的诸侯王国分为若干小国以削弱它们的实力。到汉景帝时，鉴于一些诸侯王侯的势力变得更加强大，晁错亦上书进谏于汉景帝，其奏议的中心观点是（见《史记·吴王濞列传》）：不论中央政府对那些诸侯王侯如何仁义忍让，他们迟早都将谋反叛乱。如果现在就削弱众诸侯王的势力，他们马上就会反叛；但凭借中央政府所拥有的军力，这些叛乱尚可镇服。如果现在不削弱众诸侯王的势力，他们以后同样会叛乱，等到那时，他们的叛乱给整个国家造成的祸害就大得多了。因此，晁错认为眼下中央政府对众诸侯王国所能采取的最优策略就是立即削夺其领地、裁抑其势力。汉景帝采纳了晁错的建议。正如晁错所预料的，削藩政策果然引发诸侯王的叛乱。公元前 154 年，吴王刘濞纠集另外六名诸侯王打着"诛晁错、清君侧"的旗号发动叛乱。战事历经三个月，汉廷军队幸运地粉碎了"七王之乱"。尽管如此，在得知七王欲反的消息之后，为了安抚这七位诸侯王，汉景帝还是处死了晁错。平定"七王之乱"以后，汉景帝下召采取继续削夺众诸侯王权力的政策。景帝的政策和行动为汉朝中央政府进一步铲除众诸侯王的势力扫清了道路。汉武帝上台后进一步采取削夺众诸侯王权力和加强对帝国的科层化管理的政策，他的做法便再没有遇到有力的抵制。

儒法国家的形成

西汉初年奉行黄老之治，并建立了大体上以科层制为主的政治体制。这两项基本国策取得了极大成效。尽管偶有游牧民族寇边犯境，汉廷与诸侯王之间亦间起战事，但汉文帝和景帝前后在位的四十年期间，总体上可算是中国历史上的繁荣安定时期（即"文景之治"）。但是，随着繁荣景象的出现，新的问题也产生了。

第一、社会的繁荣安定刺激了人口的迅速增长，巨商大贾和大地主也纷纷涌现。商人阶层操纵市场能力的提升连同人口的大量繁衍增长导致许多农民破产。简而言之，清净无为的黄老治术在与民休养生息、恢复社会元气方面固然很有成效，但面对新的历史形势它就难以适用了。

第二、一旦封建王侯的势力遭到极大削弱而科层体制稳固地确立下来之后，如何选任政府官吏便成为当务之急。这一问题同样需要一个更加积极有为的政府才能处理。

第三、虽然黄老治术取得了显著功效，但它并不能为国家的统治提供合法性基础，也不能给汉室政权与社会精英群体之间的合作提供道义性论证。在汉廷度过最初的政治动荡期之后，国家统治的合法性问题就成了汉帝国统治者所亟需解决的一件大事。[1]
上述问题的出现以及汉朝统治阶层所采取的解决这些问题的方
式，最终导致儒家学说上升为帝国统治的意识形态；而依据对经
典（尤其是儒家所传习的经典）的熟稔及掌握水平从知识精英中
选拔官吏的做法，也成为选任政府官员的方式。这种选任官吏之
法反过来也构成了维续国家—精英之间联盟的机制。

　　上述这些与时更化的巨大变动是在汉武帝时期完成的。到汉
武帝统治时期，汉朝已经保有了至少半个世纪的繁荣与安定。汉
武帝其生也晚，并没有经历秦亡之际的战乱之世，同时，此前汉
室政权所已取得的成就也给这位雄心勃勃的新任君主增添了巨大
的自信。汉武帝实施了许多新政，使得汉朝的国家政体因而改观。
不过，他治国施政之术的核心在于"尚法尊儒"，即同时尊奉儒、
法两家的学说。汉武帝所努力缔造的政体，究其实，是在意识形
态层面上将儒家学说作为政治制度的合法性基础，而在具体实践
层面上则将法家学说作为统治权术来运用。

　　作为一家流传颇久的思想流派，儒家虽然一直吸引着一些慕

1　帝国政权如何得以永宁稳固、长治久安，或者应该崇奉何家学说作为国家统治的
　　合法性基础，早自刘邦即位践祚以来就成为汉朝统治精英们所关心的核心问题。
　　比如，据《史记·郦生陆贾列传》记载，陆贾在与刘邦谈话时常常称引《诗经》
　　和《尚书》中的内容，刘邦怒而骂之曰："乃公居马上而得之，安事《诗》《书》！"
　　陆贾回答道："居马上得之，宁可以马上治之乎？且汤、武逆取而以顺守之，文武
　　并用，长久之术也。……乡使秦已并天下，行仁义，法先圣，陛下安得而有之？"
　　刘邦在听了陆贾的这番回答之后非常惭愧，于是要求陆贾撰写文章进一步阐述他
　　的观点。陆贾为此总共撰写了十二篇文章（合称为《新语》）上奏给刘邦。

道和传诵者，但从全民战争时期下至秦代以及西汉初叶，儒家学说在政治领域的影响总体上讲是比较微弱的。不过，儒家学说最终被统治阶层所借重，原因却显而易见。儒家学说将国家与社会之间的关系视为家庭关系的扩展与延伸。该学说为社会现状提供了合理性，但也强调能够关爱民众，并为民众树立道德楷模的仁义之君的重要意义。换句话说，国家在被赋予权力的同时也被规定了使用权力的方式，从而降低暴政出现的可能性。在春秋战国之际，事关生死存亡的战争要求人们摆脱道德的束缚，具有很强的工具理性色彩的法家思想迎合了这种要求，而儒家对统治的道德标准的高蹈标举却显得迂阔板滞。法家之所以超越百家，在这一历史时期逐渐占据统治地位，道理即在于此。但是，随着战乱纷争时代的结束，政权的稳定性越来越维系于统治阶层与科层精英，以及科层精英与普通民众之间的常规性合作。此时，儒家思想立刻就变成了极具吸引力的、能够为统治阶层及社会精英群体所共同接受的意识形态学说。

　　然而，在汉武帝时期被抬升为帝国儒教的儒家学说与春秋战国时代转型期和全民战争期出现的各类儒家经典有着明显的不同。儒学在被尊奉为国家意识形态的时候，已经被汉代最为著名的儒学家董仲舒（约前179—前104年）进一步典章化了。简要地讲，董仲舒在儒学中所增益润饰的内容包括"天人感应"和"三纲"（君为臣纲、父为子纲、夫为妻纲）学说。在董仲舒的学说中，人是自然（和"天"）的组成部分，"天"是有情感的，"天"能够通过自然气候变化或自然灾害表达自己的情感，并且"天"只将"天命"授予仁义的君主。显而易见，通过将"天命"观念吸收进儒家学说，董仲舒的理论体系比先前的儒家学说能够更好地为国家统治的正当性提供解释和说明。此外，原来的儒家学说倾向于将更具互惠平等性质的"五常"伦理（仁、义、礼、智、信）奉为调整和规范各种人际关系的指导原则，而董仲舒所提出的"三纲"礼教强调的则是君主对臣下、父亲对子女、丈夫对妻妾的支配权力。这样一种人与人之间长幼有序、尊卑有等的社会秩序构想使儒家学说更容易引起统治者的共鸣。

汉武帝甫登帝位就将平素喜好儒学的窦婴和田蚡分别擢用为丞相和太尉。[1] 从即位的第二年起，汉武帝还诏令各郡和诸侯封国每年向朝廷举荐两名人才，其中一名为学术上有造诣的"文学"，另一名为德行显于乡里的"贤良"。这种由郡、国向朝廷察举文学、贤良的做法逐步演变为国家选用官吏的基本机制。而在公元前135年汉武帝采纳董仲舒"罢黜百家、独尊儒术"的策对之后，郡国所察举的文学、贤良就绝大多数都来自于研习儒学的士人了。同时，为了进一步抬升儒学的地位，汉武帝还创设了一套从中央

---

[1]　汉武帝最初进行更化改制的努力因受到窦太后的干预而不得不有所停顿。因为窦太后平时甚好道家的黄老之学，而不悦儒术。在她的阻挠之下，汉武帝被迫解除了他刚刚起用的两名儒士赵绾和王臧的官职，赵、王两人被迫自杀。直到公元前135年窦太后去世之后，汉武帝才得以完全掌握朝政并继续推行他的新政。见白寿彝、高敏、安作璋、廖德清、施丁主编，《中国通史》，第4卷（上），1995，第314页。

之太学到地方之郡国学一律教习儒学经典，并从学生中选拔人才的官学教育体系。儒家知识精英群体与国家统治者之间的联盟从此开始在中国社会中形成。

在尊崇儒学以缘饰权力、助行统治的同时，作为一名非常积极有为的政治家，汉武帝还采用了法家的许多思想来治理国家。在位五十多年的时间里，汉武帝组织发动了一系列针对匈奴的战争，向西大大地拓展了汉政权统治的疆域。他重新采用了许多秦代的法律，自己亦有所发挥和创制。他解除了诸侯王侯们所享有的全部政治权力，只允许他们以食邑所贡纳之财货来养家奉生。他还强制富有的世家贵族徙居到新的地方以拔除他们的势力根基，同时还夷灭了一些桀骜不驯的地方豪强，使政府的权力更深入地渗透到社会生活之中。汉武帝推行了全国通用的货币，将许多经济生产的要害部门特别是冶铁业和盐业置于国家的控制之下。他还在原有的科层机构之上增设了许多新的分支部门以形成科层机构内部相互制约平衡的格局。简而言之，汉武帝所建立的是与秦帝国非常相似的中央集权的科层制国家，两者之间唯一的关键性差异在于，秦帝国将其统治权力建立在纯粹的强制力量的基础之上，而汉武帝统治之下的汉帝国则将其统治的合法性奠定于儒家学说以及国家政权与儒士之间的政治联盟之上。结果，秦帝国在建立十几年之后就迅速崩溃和覆亡，而汉帝国存续的时间却长久得多。并且，汉武帝统治时期形成的这套政治模式在中国历史上一直绵延到 1911 年辛亥革命时才寿终正寝。

综上所述，汉武帝在位期间定型的国家形态是奉儒家学说为合法性基础，同时采用工具主义的法家作为御民之术的、中央集权的科层制国家。在这种新型的政治体制中，皇帝被神圣化为"天子"，而"天命"的解释权则掌握在从知识精英中选任的儒士型科层官僚手中；儒士阶层是整个科层制国家机器的实际控制者，他们的辅助与配合是皇帝行使权威时必须借助的不可或缺的力量。这样一种政治体制为国家的统治提供了合法性基础，为臣民的生活提供了道德准则，在社会精英层面上维持了一个同质性的文化（公元 7 世纪之后，科举考试成了中华帝国培育社会精英的基本机制），在国家政权与儒家精英之间建立了一个相互紧密依赖的共存关系，为社会下层群体提供了一定程度的向上流动甚至是从政入仕的机会。汉初形成的这一基本政治体制模式在中国持续两千余年之久，直到 1911 年辛亥革命发生时才基本解体。为了同中国历史上存在过的其他国家形态相区别，在本书中，我将这种国家形态称为"儒法国家"。

第十一章
中国历史的模式

　　行文至此，笔者相信自己已经对中国春秋战国时代至秦、汉时期科层制度和强势国家传统的产生，以及儒法国家形成的深层逻辑做了比较清晰的解释和交代。在此后两千多年的历史中，中国在气候、地缘政治环境、对外交通贸易、国内人口的密度和分布以及其他诸多方面都发生了巨大的变化。世界上其他区域的文明（尤其是佛教）或政治势力的进入也给中国历史的演变带来了新的可能性。此外，虽然在统治阶层与儒士之间的联盟使得"儒法国家"呈现出极高的稳定性，该政体却继承了传统的世界性帝国所具有的一些共同的局限性，即由于传统国家的交通、通信和其他基础性设施都十分薄弱，因此，即使是"儒法国家"也无法像现代的民族国家那样对社会进行有效的管理和控制。于是就有了这样的一个问题：为什么"儒法国家"这种政治体制能够经受住上述种种历史变化而在两千多年的历史中保留了它的基本形态？儒法国家这种政治形态与笔者在本书开篇所概述的中国历史的其他五项模式之间究竟有何逻辑上的关联？受篇幅所限，这里不可能对这两个问题做详尽的论述，而只想强调的是，其中的关键是政治权力与意识形态权力之间的关系。简单地讲，在世界历史上的几大信仰体系中，基督教的地位是凌驾于国家之上的，它与国家之间是一种竞争性关系；伊斯兰教强调的是部族集团的利益和权力而不是国家的统治；婆罗门教对地方事务的整合与涉足程度十分广泛，国家因此而退居到一个可有可无的位置；至于佛教，则是一门超离今生、寄望来世的宗教。不难看出，在各类世界宗教中，儒教似乎是唯一的专门为国家统治而设计的一套意识形态体系。儒家学说的这一特征使政治权力（国家）与意识形态权力（儒教）之间结成了相互依存的共生关系。当战争不再是推动中国早期历史向前发展的引擎之后，这样一种由政治权力与意识形态权力耦合而成的儒法政体在中国历史上表现出了超乎想象的弹性和活力（这里不是指这一政体在形式上的稳定性，而是指其所具备的自我更新机制），同样，也正是这样一种关系才导致了中国历史其他各项模式的形成。

　　由于各种条件的变化，这种儒法政体曾在历史上出现过多次衰败，并因此多次引发农民起义和／或游牧民族的入侵。然而，只要没有其他的意识形态体系能够比儒教更好地为国家统治提供合法性基础，只要儒士阶层在中国仍然存在，新的统治者就仍然需要将帝国儒教尊奉为统治意识形态，并不得不继续依赖儒士阶层来进行统治。于是，儒法政体也就在朝代更替中得以甦生复兴。定型于汉武帝时期的"儒法国家"这一国家形态就这样得以绵延长久，它的脆弱性和生命力同时也在"朝代循环"中一再彰显出来。

不过，在每一次朝代更替之际，上述"朝代循环"的模式均有被改变和中断的可能。如果这个国家或朝代是由少数民族建立的（比如在公元 3 至 6 世纪的大分裂时期以及元、清两代），这种可能性就会大大增加。[1]这些由游牧民族建立的帝制国家在建国初始往往都会采取与中土之主不同的统治策略，并衍生出不同的结果，但它们中间没有一个能够最终将帝制中国的政治体制从"儒法国家"的模式中扳开。在大分裂的南北朝时期，一些游牧及半游牧民族在中国北方建立了许多规模不等的国家。与元、清两朝不同，这些帝制国家大部分都是在"三国"（220—280 年）和西晋（265—316 年）时期，由于连绵不断的战争导致中国北方人口锐减之后逐步移居到中国北方地区的游牧半游牧民族建立的。[2]因此，这些国家所遇到的当地汉人的直接反抗要小得多。尽管如此，这些游牧民族国家皆曾竭力试图建立起一套不同于"儒

1　笔者这里之所以没有把基本上与宋代同时并存的三个游牧半游牧民族国家——辽、金和西夏纳入讨论，原因在于，辽国被金国所灭，而金国和西夏后来又被元朝所灭，因此，这三个游牧民族国家自身的发展进程还未来得及完成就被打断了。

2　据谭其骧先生的估计（1934，见《燕京学报》第 7 卷，第 200 页），西晋"八王之乱"（290—305 年）前后至少有九十万汉人被迫南迁。

法国家"模式的政治体制，例如，为了抵制儒教的影响，许多游牧民族国家在"佛是戎神"的观念下，倾力抬高当时刚传入中国不久的佛教在国家中的地位。[1] 然而，佛教教导人们追求的是来世的超脱和幸福，因而很难转化为世俗性的统治意识形态。尽管如此，由于得到国家政权的强力支持，佛寺势力在当时急剧扩张。佛寺势力的发展最终削弱了国家的财政税收能力，甚至引发了频繁的佛教徒叛乱。[2] 于是，到南北朝晚期，许多国家转而开始限制甚至镇压佛教的活动。[3] 由于将佛教整合到国家统治框架之中去的策略宣告破产，儒教作为统治性意识形态的功能便受到了这些外族统治者的注意。这就是为什么许多国家在南北朝后期都积极采取措施提升儒教地位的原因。[4] 不过，对中国历史发展的进程产生长远影响，同时又最具戏剧性的事件当数北魏孝文帝（拓

1　见《晋书·佛图澄传》。

2　在大分裂时期，寺院及其所占有的土地增长迅猛。由于享有税收豁免权，佛教寺院逐渐积累了巨额财富。以北齐为例，佛教寺院在势力最为鼎盛时所拥有的僧侣竟有三百万之众，比整个国家中纳税人口的数量还要多（《广弘明集》，卷 24）。不言而喻，在这种情况下，国家的财政税收能力受到极大的削弱。关于佛教徒叛乱的情况，根据《北史》的记载，在 481 至 517 年短短三十余年间中就发生了七次这样的事件。不过，这些叛乱中的大部分最初目的并不是要颠覆国家政权，而是寺院上层和下层僧侣之间的矛盾激化所致。但是，随着佛教徒叛乱规模的扩大，国家政权的稳定也受到不小的冲击。

3　见何兹全（1995，第 7 卷：第 402—403 页）。

4　例如，前赵的开国皇帝刘渊将许多儒士任命为朝廷重臣。北齐（550—577 年）和北周（557—581 年）两国也任用了大量儒士。另参见《中国通史》，第 7 卷，第 426—430 页。

跋宏或元宏)(471—499 年在位)所推行的汉化改革。[1]在其统治期间,孝文帝命令鲜卑族人改取汉姓,强迫他们使用汉族的语言文字,学习和接受汉族的生活方式。他还将都城从平城(今山西大同)南迁到洛阳,并命令北魏皇室与汉人通婚。[2]在政治上,孝文帝大量擢用儒家士人,仿效汉代的科层和法律体制,采行汉代的典礼仪式。孝文帝的汉化改革极大地促进了当时中国北方各民族之间的文化融合,并为后来隋、唐两朝再度统一中国铺平了道路。

南北朝时期那些游牧和半游牧民族所建立的国家的统治范围仅仅局限于中国北方,而蒙古人建立的元朝以及满族人建立的清朝则将整个中国都纳入到它们的统治之下。元、清两朝在入主中原之后采取了截然不同的统治策略,也得到了迥然不同的结局。蒙古人在征服宋之前与中原地区的交往联系并不多,况且,在入侵之前,蒙古人已经征服了整个小亚细亚地区和东欧的部分地区。由于这些地区具有与中国相异的高度发达的文化和文明,因此,蒙古人为了避免自己被中国文化同化,便将这些地区的白种人(即色目人)招募到中国以辅助他们的统治。这些色目人的

---

1 北魏的建立者是鲜卑人的一支,他们可能属于白色人种,其语言属于古突厥语系。北魏的起讫时间为 386 年至 534 年,在其鼎盛时期统治了中国北方的大部分区域。因此,北魏的汉化改革为公元 6 世纪中国的再次统一奠定了基础。

2 此外,孝文帝还颁布了均田令。自此之后,均田制便经常被后来的王朝所采用,以抑制土地兼并的过度发展。

到来使蒙古人能够避免单纯依赖儒家精英进行统治的局面。然而，祸福相倚，这一策略也使得蒙古人对中国的统治从一开始便带上了异族统治的特征，从而遭到了汉族人士的强烈反抗。[1]结果，尽管元朝的开国皇帝忽必烈——他不但具有一定的治国才略，而且不失为一位仁义明君——一直在努力寻求帝国的长存永固之道，但终元一朝，民众起义此伏彼起，从未停息过。1294 年忽必烈死后，元朝的统治很快衰落下去。元朝仅仅建国八十九年就被农民起义推翻，因此而成为中国历史上第三短命的朝代。[*]

　　与蒙古人不同，满族人在入主中原前就已经是一个半农业化的民族，并且与汉族有着长期的密切交往和联系。而且，在入侵

1　根据他们对欧亚大陆不同人群的军事征服顺序，元朝统治者将其治下的臣民划分为四个种姓式的社会等级：蒙古人、色目人、汉人（淮河以北的汉人）和南人（淮河以南的汉人）。处于较低等级的汉人在日常生活、仕途升迁、诉讼刑罚等方面都受到严重歧视(汉人甚至不得养狗和鸟，禁止进行多种类型的公共活动)。迄元之终，科举制度也未曾得到全面恢复，儒家士人的仕途由此大大受阻。元朝依靠来自中东地区的专业人才来管理中国的财政事务，但这些色目人由于自身的外来背景（这种外来背景有两层含义：第一，远离故土，身处异乡，缺乏在中国长期生活的意识，故而往往致力于对短期利益的追逐；第二，他们在中国的行为较少受到他们的本土文化以及中国道德礼仪的约束），往往会采取一些掠夺性的行动，并且容易卷入腐败行为。最后，蒙古人在占领中国之后，不但没有像其他许多朝代初建时那样将战乱时期荒废的土地重新分配给汉族农民，反而将大量土地授予蒙古人。结果，自元朝建国之初，土地兼并问题就一直影响着其政权的稳定。

*　本书所计算的元朝统治的起始时间为 1279 年，因为，在这一年元灭南宋，统一了中国，元朝真正成为一个全国性帝国。若从 1271 年元世祖忽必烈定国号为"元"开始计算，则到 1368 年明朝灭元为止，元朝的持续时间共为九十七年。(译者注)

中原之前，满族人并没有占领过中国文明之外的文明高度发达的
地区。因此，满族人无法像蒙古人的元朝那样借助其他地区的精
英人才来统治中国。最后，满族人也不曾拥有如蒙古人那样令人
生畏的强悍军力。他们对中国的征服活动发生在明朝政权刚刚
被农民起义推翻之后，他们在军事上取得的胜利很大程度上也
是得益于吴三桂等明朝叛将的帮助。由于以上原因，与元朝的
做法不同，满族人在占领中国之后不久就几乎全盘接受了"儒
法国家"的体制。这一统治策略极大地减弱了汉族精英对其异
族统治的反抗和抵制，满族人所建立的清朝持续了二百六十七
年之久，直到 1911 年辛亥革命时才终结。在其统治期间，满族
人也曾试图保存自己的民族认同和文化传统，但这种努力最终
却化为泡影。从 19 世纪，满、汉融合的进程就开始加速；到了
20 世纪，满族已经抛弃本族的语言，改用汉姓，已经很难与汉
族人区分开了。

　　总而言之，上述史例无一不揭示了"儒法国家"体制模式的
稳定特征。游牧民族在占领中国之后所面临的选择只有以下两种：
要么接受"儒法国家"的体制模式以维续自身的统治，要么拒绝
这样做。然而，这可是一种两难选择，不论选择哪一种策略皆有
所失：拒绝"儒法国家"体制模式意味着无法获得儒士阶层的合
作，从而无法为国家的合法性建立一个稳固的基础，从而危及自
身的统治；接受这一体制模式又将会使他们很快丧失自身的民族
特性。不过，一般来说，在民族国家产生之前，统治者对政权要

比对种族特征在意得多。这正是中国历史上由外族所建立的帝国往往会采用"儒法国家"这一中国政治模式，甚至因此而积极主动地采取自我汉化政策的原因所在。游牧和半游牧民族的这种自我汉化过程大大地拓展了中华帝国在北方的疆域。

笔者一直颇感兴趣的是，假如那些在公元 3 至 6 世纪大分裂时期入侵中土的游牧和半游牧民族所奉持借重的是伊斯兰教而非佛教的话，中国历史将会出现什么样的情形。穆斯林本身拥有高度发达的文化，假设入侵中国的话，他们不必像其他游牧民族那样依赖儒士阶层来实施统治。相反，正如伊斯兰势力在其早期扩张过程中所做的那样，他们将会强迫中国的民众改宗伊斯兰教这一与儒教一样很有说服力的宗教体系。这种强制性的文化改宗再加上当时中国北方相对较低的人口规模，极有可能将中国疆域的主体部分转化为伊斯兰教的势力地盘。不过，当穆斯林的势力扩张到亚洲大陆的时候，中国已经度过了南北朝的大分裂时期并进入了中国历史上最为繁荣强盛的一个朝代——唐朝。阿拉伯帝国早期的迅猛扩张势头在中国方向因而受到了有效的遏制。

在中国悠久的历史中，军队将领如果篡权，成功后也会遇到与入主中国的游牧民族所遇到的同样的问题。国家与儒士阶层之间的紧密联盟一旦形成之后，中国实质上便处于文官政府的管理之下。国家政权与儒士阶层之间的紧密联盟几乎没有给军队将领留下什么政治上的合法性空间，也就是说，军事权力被边缘化了。"儒法国家"体制的一个惊人特征是，军队将领即使通过军事势力获取了国家政权（比如宋太祖赵匡胤），由于缺乏替代性的意识形态，也只能将其统治的基础奠定在帝国儒教之上，并寻求儒士群体的合作。结果，在新王朝中，军队将领依然在政治上没有任何位置。此外，如果军队将领曾经为祸前朝，后一个王朝更会引以为鉴。随着时间的迁移，各种分而治之的、权力制衡的机制相继被运用到对军队的管理之中（宋代军事将领的权势特别微弱，在很大程度上正是宋太祖以已为鉴，处心积虑压制和削弱军事将领权力的结果）。结果，除中唐至五代十国这一段，中国历史上的大部分时间里，军队将领只能在国家政治中处于边缘地位。自宋以后，除了兵荒马乱的改朝换代之际，在帝制中国的历史上军队再也没有对国家政权形成过重大威胁。

由文官掌管的政府以及儒家"和为贵"的思想必然使中华帝国在整体上形成注重和平、不事扩张的内敛性格。而且，中国很早就已经将其疆域扩展到了适宜农耕区域的外圈边界附近（尤其是在北方），对一个农业帝国来说，它也缺少任何在农耕区域之外进行扩张的经济动力。

对于帝制中国为何通常对各类宗教信仰抱持宽容甚至是功利主义态度这一问题，笔者的回答是：在西汉被树立为帝国意识形态的儒家学说并不是一门超验性的宗教，而是一套世俗化的伦理规范。该学说不仅为国家的统治提供合法性基础，而且还为调节和规范包括农民、儒士以及皇帝本人在内的所有中国人的日常生活和人际关系提供了一套综合性的伦理准则体系。在许多方面，儒家学说在中国社会中所扮演的角色类似于犹太教、基督教、伊斯兰教、印度教以及佛教在其他社会中所扮演的角色。唯一的主要区别是，儒士在中国的地位集"神父"和政府官员两种角色于一身。由于儒教，特别是其以祖先崇拜为中心展开的礼仪体系满足了中国人大部分的宗教需要，道教、佛教等其他宗教在中国人的生活中便只能充当配角（Zhou，2004）。尤其重要的是，由于儒教与政府之间存在相互依存关系，其他的超验性宗教便无法渗透进政治的核心领域。因此，只要这些宗教不被怀疑为煽动农民叛乱的工具[1]，帝国政府便可以对社会中多种宗教共存的状态抱持一定的宽容态度。

　　在最近一段时间里，一些学者开始否定早先那些强调帝制中国政治体系具有抗变能力或稳定性的理论，并强调中国在两千多年的历史中所具有的动态和变化。其中备受关注的核心问题之一是：在西方因素进入中国之前，中国是否真的具有自发地产生工业资本主义的可能性？根据如下两个历史事实——商业贸易活动在帝制中国晚期的广泛存在，以及直到 19 世纪中叶中国某些经济发达地区的生活水平和商业水平仍然居于欧洲许多地区之上，近来一些学者倾向于认为，中国的确具有自发地产生工业资本主

1　例如，1774 年发生在山东省的一次白莲教起义本是一个孤立的地区性事件，却使乾隆皇帝怀疑这次起义可能会引发白莲教所有地方性组织的起义（Naquin，1981）。于是，乾隆皇帝下令在全国范围内取缔白莲教的组织和活动，结果却引发湖北、四川和陕西三省白莲教大起义，清廷用了八年的时间才镇压下去。

义的可能性，只是由于一些历史性的幸运因素（比如向新大陆移民或者某些关键性的技术创新和发明），欧洲才得以取得经济发展上的突破而中国却失之交臂，未能取得类似的发展。

帝制中国晚期商业贸易的活跃程度以及社会的多元化水平的确令人印象深刻，因此对现代许多学者的具体分析笔者大多数表示赞同，但笔者想有所商榷的是，明清时期中国出现的种种资本主义现象的确只是金观涛和刘青峰曾经指出的"假资本主义"。在这里，最为重要的是要区分商业型的市场关系和在英国首先形成的工业资本主义之间的区别。笔者认为，只要社会上存在剩余产品，商业型的市场关系就会存在，或者说商业型市场关系是可以自发地形成的。但是，工业资本主义在很大程度上属于政治现象而不是经济现象。中国没有出现工业资本主义的内生性发展的原因在于，虽然在帝制中国两千多年的历史上中国社会经历了巨大的变迁，但在西汉时期定型的基本政治模式（即"儒法国家"模式）却从未发生过根本性变化。甚至恰恰相反，自宋代以降，随着社会变得更为复杂，"儒法国家"对社会的压制却趋于严厉。这种性质的政府虽然没有把也没有想到把商业贸易活动从社会生活中根除彻禁，但其所作所为足以像霍尔（Hall，1985）所说的压顶石国家 (capstone state) 那样，有效地阻止了工业资本主义在中国的兴起。

笔者认为，假如帝制中国真的有机会内在地发展出工业资本主义的话，那么，最可能发生在宋代而非宋代之后的哪个时期。

宋朝在许多方面与中国历史上的其他朝代都存在着明显差异。就政治体制而言，宋朝是中国历史上对社会压制最弱的王朝之一。[1]宋朝的国家财政税收也高度依赖于活跃和繁荣的商业贸易。因此，宋朝政府容忍甚至鼓励商业活动。与其前后诸朝相比，财产私有权在宋代得到更多的尊重。事实上，宋朝是帝制中国历史中唯一没有推行任何土地再分配政策的王朝。[2]宋朝无疑也是整个帝制中国史上商业最为繁荣的朝代。在宋代，汴京这样的繁华大都市的居民已经达到一百多万，而人口规模如此庞大的城市在以后各朝中再也没有出现过。[3]宋朝城市中商业活动兴盛发达的景象，不仅可以从马可·波罗所写的充满奇幻情调的中国游记中感受一二，也可以从当时学者所著的笔记小说和著名的画作《清明

1　传说北宋的开国皇帝赵匡胤曾经将一块石牌封存于一座密室之中，石牌上写着他对其子孙后代的嘱命：不杀士大夫和言官，子孙若有渝此训者，天必殛之。这座密室一直由不识字的宦官看守，以防石牌上所书之内容外泄。以后每位皇帝在加冕即位之前都得先进入密室中领受石牌所书的太祖遗训。直到1126年金兵攻陷北宋都城汴京之后，这个秘密才为世人所知。事实上，在有宋一朝，某个官员一旦失职或犯过，他一般会被降职贬官而不会遭杀头之祸。据笔者所知，有宋一朝极少有大臣因政治原因而被诛杀。

2　黄仁宇（1997：第120页）。

3　战国时期以后，中国的城市逐渐形成了如下结构布局：整座城市外部环以护城河和城墙。在城市内部，房宅则以"坊"为单位进行区划，每坊四围围以高墙，并开设坊门通往主要街道。这些坊根据不同的目的和用途予以区划，有些坊是居住区，有些则是商业活动区，夜间实行宵禁，所有坊均须关闭。但晚唐以后，城市规模扩大，商业活动也蔓延到原来的居民区，商铺也开始在夜间营业。在宋代，在中国存在了一千多年的"坊"制则消失得无影无踪。街市的扩展已经打破了坊墙的拘囿，中国许多城市的商业性质日益增强。（译者注：北宋之前的城市规划布局一般称为"里坊制"，北宋及以后的则称为"街坊制"。）

上河图》中得到更加真切的佐证。

　　宋代社会中出现了一系列新生事物：复杂完备的信贷体系、纸币（时称"交子"）、私人手工业工厂和作坊、众多的以商业为目的的创新发明、缤纷多彩的城市夜生活（甚至皇帝也溜出深宫，微服上街享受市井瓦肆之中的新鲜乐趣），以及商标、品牌和广告等具有现代色彩的销售策略。宋代也是中国历史上最后一波技术大发明的时代，其中最为著名的当然是活字印刷术和指南针的出现，以及火药在战争中的广泛应用。这些技术在欧洲的社会发展和工业资本主义的兴起中都发挥了关键作用。宋代社会的富裕和相对宽松的政治环境还促进了中国哲学的新一轮重大发展，倡行改革的王安石学派、强调功利实用的陈亮学派以及新儒家的程朱理学等思想流派均形成于该时期。

　　假若宋代的上述历史发展进程未被打断的话，我们很难想象中国社会将会朝什么方向发展。不过，要是承认独立于国家势力之外的自治型经济城市在中世纪欧洲的兴起，是工业资本主义得以在欧洲形成的关键因素之一的话，我们就不得不认为，即使在宋代，中国内在地发展出工业资本主义的可能性也是极其渺茫的。因为，甚至在其发展的顶峰时期，宋代的城市也没有脱离国家的控制而成为一级独立的经济中心。而且，当时中国的城市居民也从未想过从中央政府那里争取任何形式的自治权利。简而言之，中国的城市从未像中世纪欧洲的城市那样享有过独立的法律或政治地位（Mote，1999，第761页）。

　　但是，就历史发展的实际进程来看，在假定宋代的发展未被中断的情况下去推测中国社会此后的演变情形是没有什么意义的。因为，宋代在完成自身的发展进程之前就已先后被女真人和蒙古人的入侵所终止。与中国历史上的其他朝代相比，宋朝注重和平安定的内敛性格特别突出。纵使在国力最鼎盛的时期，宋朝也未曾真正地统一过整个中国。也许是其拥有的强大财力使然，宋朝在应付北方游牧民族方面采取的基本方针是"花钱买和平"。以北宋为例，为了换取边疆的安定，宋廷每年被迫向辽国贡纳银二十万两、绢三十万匹。1126 年金国攻陷汴京之后，宋都南迁至杭州，南宋建立。与北宋一样，南宋王朝依然财力阜丰，却也采取了偏安保和的外交国策，直到被蒙古人灭亡为止。

　　由于实行寄生性的高压统治，蒙古人建立的元朝存在了八十九年即告倾覆。继元而立的是帝制中国史上的最后两个朝代——明朝和清朝。这两个朝代虽然存在诸多差异，但在我们所感兴趣的一些方面却有着实质性的相似之处。与宋朝相比，这两个朝代在政治制度和意识形态上表现得更为专制和保守，商业活动也受到了更多的抑制（尤其是在明代早期）。尽管 19 世纪西方列强的侵略导致辛亥革命和清朝统治的垮台，但根据太平天国起义以及 19 世纪中所爆发的其他多次起义活动来推断，即使不被西方的入侵所打断，清朝也迟早会走向灭亡并被另一个王朝所取代。限于篇幅，笔者这里只重点分析明代的政治以及政府与经济领域之间的关系，以揭示在没有西方因素影响的条件下，帝制中国晚期为何未能发展出工业资本主义的原因。

明朝初年的统治者认为，导致宋朝国力一直虚弱、蒙元乘隙入主中国的原因在于宋朝偏于文治而民众又以经商逐利为务。此外，明初的统治者还深受元朝专制政风的影响和濡染。结果，我们看到，中国的政治文化在明代发生急剧的变化。唐、宋时期的政治文化具有相当程度的开放性和灵活性，而明、清两代的政治文化却变得褊狭而严苛。因此，在宋代，建国之初商业活动就呈现出一派繁荣兴旺的景象；而在明代，商业活动从王朝肇建伊始就受到压制，直到百年左右之后明代中叶朱明王朝衰象已露时，商业活动才开始复苏。[1]明朝初年商业活动总体上较低的活跃水平，在一定程度上与元、明之际的农民起义战争给社会经济带来的破坏有关。然而，秦、汉之际的战争对社会经济发展的破坏并不逊色于元、明之际，但与明朝相比，西汉的经济仍然在很短的时间内就得到恢复。所以，明代经济恢复的缓慢肯定在很大程度上与明王朝所采取的压制商人阶层的国家政策有关。明朝政权一建立就推行了重农抑商的政策。[2]不过，宋、元以来形成的商业

---

1 明代经济在明英宗正统（1436—1449 年）和天顺（1457—1464 年）年间才开始恢复增长。到明宪宗成化年间（1465—1487 年）和明孝宗弘治（1488—1505 年）年间，苏州地区的经济繁荣程度可能已经赶上宋代的水平。明人王琦(1433—1499 年)为我们记录下了他亲眼所见的十五世纪末苏州地区的繁华景象。见王琦（1984）。
2 例如，明初政府将其税收完全建立在农业生产的基础之上，并出台了众多旨在摧毁商业活动的政策，其中至少包括如下几条：严控人口迁移流动、禁海闭关、关闭矿山。为进一步黜降商人的社会地位，1381 年明政府甚至颁布法令，规定凡家中有人经商者则全家不得穿戴丝绸服饰（《中国通史》，第 15 卷，第 933 页）。

市场以及经商风习并没有就此销声匿迹，但国家的压制政策却使商业活动地方化了。[1] 同时由于人口数量的普遍增长，结果，到明代中后期农村地区涌现出大量的市镇。由于交通便利或者出产的物品质优价廉，其中一些市镇的规模已经达到相当的程度，并给后人留下了深刻的印象。斯金纳在其早先的研究（Skinner, 1964, 1977）中发现，中国的农村市镇在性质上都属于地方性的经济活动中心，但对那些规模较大的县级城市或者大都市来说，政治却是城市的主要功能。这一观察可以说非常准确地抓住了明、清时期中国城市性质的实质。由于国家对商业活动的压制政策在国家控制力量强大的政治中心城市更容易得到贯彻，因此，标志着宋代城市化成就的大都市在明代再也没有出现过。

随着商业活动在明代中期之后的复苏，一种崭新的现象出现了——一些地域性的商业行会开始形成，其中最为著名的有晋商、徽商、陕西商人和宁波商人的同乡行会组织（张海鹏、张海瀛，1993，第936页）。虽然这些行会组织在一定程度上有利于商业活动的发展，但它们的出现并不能被认为是西方意义上的市民社会的兴起。因为这些行会是根据家族本位的宗法原则组成的，并且在与政府的关系上一直处于从属的地位。为了扩大自身的经济利益，当时的商人不得不通过贿赂甚至是联姻的方式将自己与政府官员捆绑在一起。此外，这些商人即使在生意上取得成功，仰

1　这种市镇发展的模式在清代又再次上演。见 Elvin（1973，第16章）。

敬的依然是儒家的价值观。一旦发家致富，他们便希望自己以儒商的身份得到社会的接纳和认可。他们斥资为自己的甚至是本族的孩子提供儒家的文化教育，并选送其中的聪颖敏慧者参加科举考试。结果，这些商人在生意场上所取得的成功到头来只是起到了巩固"儒法国家"体制模式的作用。

明代晚期的城市中还出现了另外一种新现象——市民暴动（王毓铨，1995，第 15 卷，第 250 页）。尽管市民暴动标志着当时中国社会中市民势力的上升，但是这些市民运动并没有得到任何意识形态的策动和支持，最终只能停留在对处事不公的地方官员特别是中央派出的税监做零星反抗的水平上。

最为重要的一点是，明朝的政治非常专制。明朝建立之初就大肆屠杀开国功臣。[1] 自汉代以后，宦官弄权一直未能对帝制中国的政治运作构成主要麻烦，但朱明一朝却严重地依赖宦官以保证政府的运转和监视官员的言行。宦官的权势如此炽盛，以致许多高级官员的身家性命都断送于他们之手。明朝的宫廷政治只能用如下字眼来形容，那就是：黑暗诡谲。最后，明朝也是中国历史上第一个大兴文字狱、大批官员和学者因此而被捕杀的朝代。[2]

1　据估计，明太祖朱元璋在其统治期间杀了近十万名官员。这种杀戮官员的行为在明朝后来的历史上还一再地上演。

2　在许多情况下，人们被定罪捕杀的原因并不是由于他们真的写下了什么反对朝廷的文字，而只是因为他们著述中的遣词造句可以被引申曲解出藏有谋反作乱的祸心。这种深文周纳、罗织文字狱的传统在清朝以及为时不远的"文化大革命"期间又死灰复燃。

同时，由于新儒家教义（主要是程朱理学）被钦定为科举考试的唯一内容，明朝政治还具有相当仪式化和僵化的特征（Huang，1981）。

明代的商业活动在 15 世纪中叶才开始得到大规模发展，到弘治皇帝在位期间（1488—1505 年），一些市镇的商业繁荣程度很可能已经达到了可与宋代比肩的水平。不幸的是，这种商业繁荣之所以能够形成，实际上主要得益于明朝政府管理和控制社会能力的衰落——1449 年"土木堡之变"之后明朝政权开始走向下坡路。[1] 然而在商业发展的同时，耕地日益集中到部分大地主手中，国家的财政税收能力急剧下降，渠沟公路等公共项目不能维持。结果，越来越多的农民失去土地，加入流民的行列，导致农民起义频繁爆发，规模逐步升级。与此同时，来自外族的军事威胁也益发严峻。为了挽救时局，明朝的好几位皇帝试图改革却收效甚微。最终，1627 年开始于陕西北部的农民起义愈演愈烈，并于 1644 年推翻明朝的统治。由于农民起义战争所带来的大规模人口伤亡和瘟疫的流行，明代中晚期逐步繁荣起来的商业活动最终也随明朝一道终结了。

1　1449 年，五十万明朝军队在土木堡附近与瓦剌（译者注：元朝败退回漠北之后蒙古分裂为兀良哈部、鞑靼部、瓦剌部三部。其中，瓦剌经过长期发展，势力增强，瓦剌首领也先于明朝中期统一蒙古各部）骑兵交战时几乎全军覆没，御驾亲征的明英宗被俘。自此之后，明朝总体上就呈现出衰败之势，只是偶尔被并不是多么成功的改革所延缓。

　　自马克·布洛赫（Marc Bloch）以来，首先是社会史史学，接着是文化史史学次第登场。这些新的史学传统不仅极大地拓展了我们的研究范围，也向我们敞开了一个浩如烟海、如恒河沙数般尚未为政治史学家利用的史料世界。举凡地方志、寺院志、村落志、人口资料、回忆录、日记、口述资料及其他种种文献，皆可引入史学研究。这些新的史学传统因而大大开阔了我们对历史上各种社会的理解视野，尽管社会史学家开创社会史学的初衷是通过其他性质的资料来丰富我们对政治史的理解。不过，史料的大量增加也带来很多问题。现近的西方社会史与文化史学家一般都不再抱有早先史学家们对于大历史的关怀，而把历史学仅仅看作为一门为了庆祝现代人观点和声音多样性的手段。他们只见树木不见森林，深陷于地方性的数据资料之中而不能自拔。目前日甚一日的对中国内生出工业资本主义可能性的强调，正是晚近学界沾染的上述弊病的表现之一。

　　在笔者看来，明、清两代固然有很多不同，但却具有如下共同之处：在王朝的鼎盛时期（或者说在王朝的早期阶段），国家政权在政治和经济两个方面均表现出强烈的专制性质，商业活动则被排挤到边缘地位。明、清两朝的商业活动都是在国家的权力由盛转衰之后才获得较大的发展。不幸的是，窳败的政府此时已不能提供法律和秩序以保证经济和商业的进一步发展。结果，因国家统治的衰落而招致的农民起义或外族入侵，在颠覆前朝统治的同时也打断了商业活动的持续发展。因此，不论是在明代还是在清代，笔者看不出中国有任何机会能够打破上述社会演化的逻辑，并在自发的市场关系的基础之上内生性地发展出工业资本主义来。

在中国是否具有内在地发展出工业资本主义的可能性这一问题上，新近的学者至少犯了如下错误：混淆了市场关系（market relations）与工业资本主义（industrial capitalism）之间的差别；以为工业资本主义只是一种经济现象，而不是一种政治现象（这就是为什么彭慕兰会将 19 世纪的英国一个国家的经济和中国江南地区的一个地区的经济进行比较的缘故）；以为工业资本主义完全是人类社会自然发展的结果，而不是在传统社会中产生的一个革命性突变；最后，他们仍然以为工业资本主义是社会进步的象征。带着所谓"非欧洲中心论"史观这一教条，这些学者认为既然工业资本主义是社会进步的标志，那么每个地区都应该享有这一趋势，即都应该，也都会自发地走上这一步。因此他们坚持认为，在没有西方因素干扰的情况下，中国本来是能够内在地发展出工业资本主义的。

只要一个社会能够生产出一定数量的剩余产品用于交换，市场关系就一定会在这个社会中自然地发展出来；但是，工业资本主义的形成却需要一系列条件的支持，包括：有利于科学革命的政治环境、资本主义会计方法的出现，以及既有利于培养勇于担当风险的企业家精神又有利于促进关键的集约型技术发明的激励机制的形成。从下述意义上讲，工业资本主义的兴起只是西方特有的一种现象：它极大地受益于希腊—罗马的政治和文化传统，并且在下面两种平行的历史发展进程中逐渐成为一种不可抗拒的发展态势——战争驱动型工具理性文化的兴起，以及国家、自治城市、教会、军事力量在冲突与合作过程中所形成的均势格局。[1]工业资本主义起源于欧洲只是一个偶然的历史事件，因为，在欧洲工业资本主义发生过程中发挥过关键性作用的那些条件，世界其他地方都不具备。工业资本主义在今天只是一个不可抗拒的历史事实而已，而不是一个值得为之欢呼雀跃的现象。上面所谓的"非欧洲中心史观"其实只是欧洲中心史观的另一个翻版罢了。

1　曼（Mann，1986：第500—501页）对此曾有如下富有洞见的评论：欧洲奇迹并不能主要归因于12世纪城镇的兴起，或13、14世纪农民与土地贵族之间的斗争，或14世纪资本主义会计方法的诞生，或14、15世纪的文艺复兴，或15世纪的航海革命，或15世纪到17世纪的科学革命，或16世纪的新教，或17世纪的清教，或17世纪到18世纪英国资本主义农业的发展，如此等等，不一而足。上述任何一个事件皆不足以作为对欧洲奇迹的一种总体性解释，原因只有一个：它们在历史上出现得太晚。

本书对东周时期战争信息的计量方法

本书实证工作的很大部分精力用于对东周时期战争信息的定量分析上。现在我们把本书的定量工作简明扼要地介绍一下。关于春秋时代战争的有关信息，本书主要取自《左传》和《史记》；关于战国时期的战争，本书重点参考《史记·六国年表》，傅仲侠等执笔的《中国军事史》（解放军出版社，1985 年版）、杨宽的《战国史》（上海人民出版社，1998 年版）、林剑鸣的《秦史稿》（上海人民出版社，1981 年版），及沈长云等著《赵国史稿》（中华书局，2000 年版）。在这些文献中我们一共收集了从公元前 722 至公元前 221 年间共 776 次大小战争的数据。关于每次战争的信息，我们记录了战争的季节、卷入这场战争的国家数、战争持续时间、参加人数与死亡人数、是否有国家在这场战争中被灭，以及战争原因和进军距离等信息。在计算战争次数时，我们的着眼点是国际战争，因此国家内部叛乱（如南宫长万在宋的叛乱）一般不计算在内。但是，如果内战的一方或多方最终发展成为独立政体，如晋国早期的曲沃与翼政权之争以及晋国晚期六卿的内战，那么，这场战争也会进入我们的记录中。

我们遇到的最大的问题是怎么测量进攻一方在一次战争中的进军距离。为此我们在测量前做了如下规范：（1）除个别明显错误外，均以谭其骧主编的《中国历史地图集》第一册（中国地图出版社，1982 年版）为准，并以直线距离计算；（2）如果历史记载仅写了两国之间的战争而未写明具体地点，或者写出具体地点却又无法查考该地为何处，我们计算战争距离时以两个战争国家的首都距离为准；（3）如果历史记载中只给出了其中一方出兵或交战的具体地点，我们就以该地到另一国的首都之间的距离为准；（4）如果是一场数国与数国或数国与一国之间的战争，以参加这场战争的最主要两个敌对国家为准，然后用前面三条原则来计算战争距离；（5）如果一次战斗中军队分兵几路出发，战争距离以最远进军距离为准；（6）有些战争国的位置，特别是一些戎狄国家的位置，现在已不清楚，对于这种战争距离，我们只好付诸阙如。

附录二
评许田波《古代中国和近现代欧洲的战争及国家形成》

剑桥大学出版社在 2005 年出版了许田波教授的专著《古代中国和近现代欧洲的战争及国家形成》(Hui，2005)。最近，国内一些知道该书的朋友问起许著与拙著的区别。由于许田波与本人相识数年，她书中所分析的现象与本书也有一定的重叠，所以我想借拙著问世之际对许田波的研究做一个批判性的介绍，以便读者能更深入地了解拙著的观点和学理逻辑。

许田波在书中所想解释的一个核心问题是：虽然春秋战国时代的中国和近现代欧洲的历史发展在很多方面有着相似性，比如，它们都起源于一个由许多国家组成的封建社会，都有着频繁的战争，都经历了封建体制的垮台和官僚体制的形成，都有着一个弱肉强食的国际秩序。但是，欧洲在发展中形成了一个多国平衡局面，而中国却走向了统一。这是为什么呢？对于这一问题，许田波的解释是：为了在国际争斗中取得优势，参与竞争的各国

就必须采取对策。但是，在竞争过程中，中国的诸侯列国采取了
自强性改革 (self-strengthening reforms) 和聪明的军事 / 外交策略
(clever strategies，她这儿指的是法家改革和《战国策》中所描
绘的纵横家的外交手段)，而欧洲国家却都采取了自衰性的对策
(self-weakening expedients) 和相对"笨拙"的外交策略。[1] 中国
的国家力量在自强性改革和聪明的军事外交策略中越来越强大，
于是就迎来了秦帝国的统一，而欧洲却因为采取了自我弱化的对
策和"笨拙"的外交策略，而在近现代的发展中失去了武力统一
的机会。[2]

许田波的这本著作推理清晰，其中的许多具体论点也不无道
理。作为把中国先秦史和近现代欧洲史做详细比较的第一本专著，
该书在西方学术界肯定会取得它应有的地位。但是，她所运用的
比较历史学方法和现实主义国际关系理论虽然目前均盛行于西方

[1]　这里的"笨拙"一词是我对田波观点的概括，她书中的原话是："Although
European powers pursued opportunistic expansion and practiced counterbalancing
strategies, they rarely employed cunning and ruthless tactics against one another …as
was common in the ancient Chinese system."（Hui, 2005：第 36 页)。显然，田波
的这一论述是有问题的。因为中国先秦时代的战争是在战国后期才变得残酷起来
的，而欧洲战争发展到了拿破仑时代之后也趋于残酷，到了"二战"时则几乎变
得疯狂了。历史有它自身的发展过程。

[2]　根据许田波的描述，中国的自强改革政策包括：建立一支以征兵制为基础的国家
常规军，一种强有力的税收政策和促进经济发展的手段，和一个以择优录取为基
础的科层制。而欧洲的自弱对策则包括：建立一支以雇佣军和职业军人为基础的
常规军，以及一个在很大程度上依赖于金钱、贷款甚至是卖官的战争物质动员机
制（Hui, 2005：第 34 页)。

世界，却都存在着一些方法论意义上的误区。这些方法论上的误区导致该书在提出问题、解释问题、叙事形式和对历史材料的运用上出现了很大的偏颇。为了厘清这些问题的根源，我们首先从比较历史学方法和现实主义国际关系理论的弱点谈起。

比较历史学方法的弱点

许田波书中所采用的是西方社会科学中常用的比较历史学方法。这一方法的标准做法是把两个（或数个）不同案例放在对称的位置上加以比较并从中找出一个作者认为是关键性的问题［比如，为什么在现代化过程中俄国和中国走上了共产主义革命道路，日本和德国走了法西斯道路，而英、法、美国却走了民主道路？（Moore，1966）］，而作者的任务则是找出导致这些案例之间的不同（或相似）的理论或者是关键机制。但是，这种比较历史学方法有着以下的弱点：第一，为了使比较有意义，这些案例就需要有很大的相似性。如果案例之间有许多不同之处的话，便很难确证到底是哪一个不同点导致我们所要解释的历史发展的轨迹。春秋战国时期的中国和近现代欧洲处在不同时空和政治、经济文化条件下，它们之间的差异多如牛毛，我们因而很难在这两者之间做出有意义的对称性比较。当然，由于学术素养不同，在同样方法下有的学者提出的问题就会显得更有意思些。比如，韦伯的问题（即为什么资本主义兴起于19世纪的欧洲而不是同时期的中国和其他文明地区？）就要比田波书中的问题有意义得多，因为韦伯是把不同的案例放在同一时间背景下，或者说至少在时间这一点上对不同案例做了控制。

第二，在运用对称性比较历史学方法时，研究者提出的问题基本上都是单一性的问题。比如，许田波所想解释的是"为什么近现代欧洲形成了一个多国平衡局面，而先秦时代的中国却走向了统一"？拙著中提到的凯瑟和蔡泳（Kiser and Cai，2003）的工作所要解释的则是"为什么科层制形成于春秋战国时代的中国而不是同时代的其他文明地区"？导致这一差异的原因有很多，其中最为主要的就是，如果想就一个案例提出许多同时需要解答的问题的话，为之找出一个合适的对称性案例将是一件很困难的事情。比如，如果把以上许田波的问题和凯瑟及蔡泳的问题合成为如下问题的话——"为什么先秦中国不但走向了统一还产生了科层制？"——要为之找出一个合适的对称性案例就不容易了。近现代欧洲肯定是不能作为比较案例的，因为近现代欧洲虽然没能统一却形成了韦伯意义上的科层制。古罗马帝国也不行。古罗马帝国虽然统一了当时的欧洲，却没能建立起先秦时代中国那样的科层制。以上的例子只包含了两个问题，而在拙著中，笔者所要解释的则是中国历史形态的七个主要特征。要同时解释这么多的问题，如果采用对称性比较历史学方法的话，由于与中华文明相比，其他文明在不同时期中的政体和文化形式有着非常大的变异，要找出一个与中国在这七个问题上同时具有对称意义的案例来几乎是不可能的事情。

由上可见，对称性比较历史学方法在提出问题时违反了科学研究方法中的一个最为基本的原则，即一个有效的理论应当是一个能解释更大变异的理论。所要解释的现象越多，提出不同的能同时解释这些现象的理论的难度就会越大，而对于单一的问题，我们往往能建立许多不同的解答，甚至是与经验事实毫不相干的解答（试想，对于两个路人吵架后打了起来这一事情的原因，人们就能提出非常之多的合乎逻辑的解答。）[1] 具体到许田波书中所提出的问题，她所想解释的说到底就是为什么秦始皇能统一中国而拿破仑却不能统一欧洲。对于这样一个单一性问题，提出不同的解答是非常容易的（笔者在后面还会针对田波书中的论点举例说明）。并且，只要一个学者有着说得过去的完形能力，他所提供的解答在外行看来也总会有一定的道理。这样，在对称性比较历史学方法下，一个理论所揭示的往往不是某一经验事物发展的真正内在机制，而仅仅是该理论的逻辑结果与该经验事物的结局具有同构性而已，它在一定意义上更像是一个形式理论。[2]

第三，历史叙事的关键在于对时空因素的把握，即一个历史

1　这就是说，如果 x 能解释 a 而不能解释 b，但是 y 不但能解释 a 而且能解释 b，那么 y 就是一个更好的理论。其实，对于一个很复杂的事物来说，对其中的单一现象做出解释犹如瞎子摸象。如果一个学者能提出比较关键的问题的话，他的解答就如同瞎子摸到了大象的身体。这样，我们虽然仍不知道大象的形状，可至少还知道大象是一个很大的东西。否则的话，我们就连象的大小都搞不清楚。

2　关于什么是形式理论，以及它的运用和局限，请见赵鼎新（2005：第 8 章）。

事件发生在什么时间、什么地方和场合以及以什么方式在时空中
发展。只有在这样的叙事手法下，我们才能真正理解甚或解释历
史事件发展动态中存在的一些有意义的规律。但是，由于受到对
称性比较历史学方法的一些固有局限的限制，采取这一方法的学
者往往偏重比较分析而轻忽历史叙事，或者说他们的历史叙事往
往缺乏很强的时空感。许田波的著作基本上是在现实主义国际关
系理论的框架下来分析春秋战国历史发展的。但是我们知道春秋
战国时代的霸主期、转型期和全民战争期都各自有着十分不同的
政治和国际关系形态，被她称为"聪明"的那种尔虞我诈的国际
政治谋略直到全民战争期中才逐渐占据了上风。许田波在书中强
调了早期欧洲的一些大国，如法国的瓦卢瓦王朝（1328—1589
年）在与哈布斯堡王朝争霸时，采取的都是自衰性策略（Hui,
2005：第36页）。其实，在中国的春秋时期，各诸侯国在取得领
土后普遍把新占领土分封给世卿贵族和军功新贵（史称二级封建
化）。这种做法加强了贵族的势力，削弱了国家的力量，导致晋
国和其他一些中原大国相继衰亡。显然，在春秋战国时代早期，
诸侯国在争霸中所采取的也是典型的自衰性策略。总之，在对称
性比较历史学方法的限制下，田波书中的历史叙事缺乏时空感，
例子也缺少说服力，因此，也许会很难得到对时空因素十分敏感
的历史学家的认可。

　　正是因为这种在西方流行的对称性比较历史学方法有着以上
种种弱点，在拙著中笔者才提出了七个问题而不是一个问题，才

采取了一种非对称性的比较方法和以时间为序列的叙事方法。与许田波一样，笔者也认为先秦中国的历史发展和欧洲的历史发展有一定的可比性。按照拙著的理论逻辑，如果被西方盛行的对称性比较历史学方法所束缚的话，笔者甚至可以把"资本主义为什么在近现代欧洲却没有在先秦中国兴起"这样的问题作为本书的主题。请读者不要见笑，如果笔者一旦误以为这一问题有意义的话，编织出一个在逻辑上能说得通的故事是不难的。但是，笔者没有这样做。相反，笔者把重点放在历史叙事上，并在整本书中的一些关键场合通过不同角度把中国历史和欧洲或者和其他文明的历史特征加以比较，以解释和解读中国历史发展的规律以及春秋战国时期的战争在其中所起的作用。本书所提倡的以单一案例为主体的非对称性比较方法给了历史叙事以很大的灵活性，使在历史学中最为通用的以时间或事件为序列的叙事方法成为可能，从而为弥补历史社会学家在历史叙事的深度和质量上的普遍不足提供了可行方法。同时，比较是经验推理的唯一基础，社会学分析必须以比较为基础。本书提倡的非对称性比较方法就是为了照顾历史的复杂性和特殊性的同时，也顾及到社会学的理论性和分析性。

运用国际关系理论的误区

作为一位注重国际关系的学者，许田波还犯了一个几乎是所有国际关系政治学家都常犯的错误，即他们都轻视社会结构的作用而过分强调行为主体的策略选择对社会发展的影响。许田波的中心论点之一就是战国时期中国的政治家采取商鞅式的改革策略而近现代欧洲却没有这么做，因此中国走向统一而欧洲却没有。不同的政治策略当然能造成不同的历史后果，但是从长时段来看，历史发展往往是行为主体的非预期后果（unintended consequences）。此外，行为主体的策略选择及其有效性是受其他条件约束的。比方说，如果路易十四在建立中央集权国家时碰巧读了商鞅的书并决定采取商鞅的方法来改革，这样的改革在法国能成功吗？我想稍微知道一些欧洲历史的读者都会给出一个否定的答案。原因是，先秦法家改革所面临的反对力量仅仅是已经在走向没落的贵族势力，而在法国，路易十四所面对的不仅仅是贵族势力，而且有强大的教会势力和中产阶级力量。先秦时代的中国和近代欧洲在封建战争开始趋于激烈的时候国家力量均很微弱，而且绝大多数国家也均没有由国家统领的常规军。但在欧洲，独立或半独立的经济城市在封建战争趋于激烈之前，即在中世纪的早期就已经逐渐形成，而先秦时代的中国却并不存在这种类型的城市。因此，当中世纪的骑士战争在欧洲趋于式微之时，许多国家由于没有能力像中国战国时期的诸侯国家一样在国内采取强制方法建立常规军，因而不得不依靠雇佣军来打仗。这就使得欧洲战争越来越依靠国家财政甚至是举债来维持。但是由于欧洲当时的城市经济和金融系统都已经十分发达，依赖金钱打仗在一段时间内对许多欧洲国家（特别是那些城市国家）甚至可以说是一个十分有效的办法,这就更加增强了欧洲战争对金钱的依赖程度。欧洲的这种战争形式加重了以中产阶级为代表的城市向国家讨价还价的砝码。总之,在强大的贵族势力、教会势力和城市经济势力的限制下,欧洲任何一个国家的中央集权改革都不可能像秦国的商鞅改革进行得那么彻底。

从方法局限到经验偏差

理论和方法上的偏颇给许田波的工作带来了一系列的问题。其中最为主要的一个问题就是,在对称性比较历史学方法下,我们对于许田波书中提出的问题能给出许多不同的、听上去可能更为切合实际的解释。在以上的论述中笔者针对这一问题已经列举了一些例子。我们还能继续举出不同的例子,限于篇幅,这里仅列举三例。第一,先秦时代的中国和近现代的欧洲在地理(空间)环境上是完全不同的。近现代欧洲的地理环境要比中国复杂得多。许田波也注意到了这个问题。可是为了维护她的理论,她马上就强调了中国也有着山脉河川等复杂的地理条件,但这些却不妨碍秦国的统一进程(Hui,2005:第90、160页)。[1] 必须指出的是,

---

[1] 许田波甚至强调了秦国的地理位置不比任何其他战国国家优越(Hui,2005:第90—97页)。她显然未曾在秦国旧地及其周围进行过旅行和实地考察。她的结论也不符合从贾谊以降几乎所有中国历史学家所持的一个共识,即秦国有着很大的地理优越性,虽然优越的地理条件并不是它最后统一中国的唯一条件。

春秋战国时期中国文明的核心地带是在华北平原和长江中下游平原之间。从秦国的角度看，出函谷关后黄河与伏牛山之间的地形就逐渐开阔，至洛阳以东则更是一马平川。在秦国占领了四川后，它更能顺长江而下从背后对楚国的腹地发起攻击。以山西地域为核心的"三晋"境内虽然有太行、吕梁和中条山脉，但是它们对秦国的进攻来说却构不成关键性的天堑，因为"三晋"的中心地带位于由汾河相联接的运城、临汾和太原三个盆地之间。秦军一渡过黄河马上就进入开阔的运城和临汾平原。更重要的是，许田波还忘记了地形仅仅是战争地理的要素之一。如果把古代中国和欧洲相比，地形也许都不是导致近现代欧洲难以统一的关键性地理原因。除了地形外，影响战争的地理要素还包括距离、气候和病害等其他因素。许田波自己曾经指出过，从巴黎到莫斯科的距离几乎是从咸阳到临淄距离的三倍（Hui，2005：第 160 页），但是她显然没有充分认识到这个距离背后的军事意义：这意味着即使除去殖民地不算，近现代欧洲的战争舞台也要比先秦时代的中国大出许多倍。在机械化运输方式产生之前的拿破仑时代，这距离本身就会给战争带来无穷的困难，何况战争舞台的扩大还带来温差、降水和疾病的多样性。近现代欧洲的战争舞台从位于热带的北非和西班牙一直伸展到属于极地气候的北欧和俄国。在俄国遭到惨败的拿破仑军队很大程度上是被冻死而不是战死的。

第二，春秋战国时代的中国和近现代的欧洲还处在完全不同的历史发展（时间）阶段之中。具体地说，在现代民族主义产生之前，一个地方的百姓并不在乎谁是他们的统治者（即"谁给我吃饭，我就喊谁万岁"）。对于精英阶层而言，它们与外来统治者之间当然也会有矛盾。但是他们之间的矛盾主要是体现在文化以及个人性的效忠上，而非民族认同上。因此在满人入关接受汉人文化后，汉人就逐渐接受满人的统治。这种现代民族主义产生之前的国际政治条件有着两个直接的后果。首先，只要一个地区的统治集团被异族征服或者与异族统治者达成妥协之后，普通百姓几乎不可能会发起持续的有组织的抵抗活动。其次，各国的统治精英和百姓对本国利益并没有一种出于民族主义情感的忠诚。对他们来说在战争中或者是在平时去投靠敌对一方并为对方效力并不会构成重大的心理负担。这就是为什么战国时期各国的知识精英会奔走于各国、待价而沽的主要原因所在，同时也是为什么秦国能够在各国招募人才为其服务以及为什么在抵抗秦国时各国百姓不会自发地发起游击战争式的抵抗运动的原因。总之，中国先秦时代的战争在一定程度上类似于今天所讲的内战（civil war）而不是完全的国际战争（从这个意义上说，许田波的整个比较研究的合理性就受到了很大的挑战）。相反，在拿破仑试图征服整个欧洲时，欧洲已进入了民族主义时代。现代民族主义最为重要的特征就是臣民转变成具有独立意识的公民，并且公民对于自己的祖国有了强烈的认同感和热爱之情，即祖国成了一个"想象的共同体"了（Anderson，1991）。这给欧洲的统一带来了极大的困难。正如许田波自己在书中所写道的：拿破仑的垮台始于他在西班牙的战争，而拿破仑之所以在西班牙战场上落败，就是因为西班牙人在新兴的民族主义的激励下，发起了拿破仑军队根本就无法对付的现代游击战争（Hui，2005：第132—133页）。拿破仑之所以不能统一欧洲在很大程度上是因为世界已步入民族国家（nation state）时代，帝国作为一个政体形式已逐渐趋于过时。可惜的是，许田波并没有注意到这一问题的重要性。

　　第三，笔者甚至认为，在近现代的欧洲，即使我们假设某一个国家成功地进行了中国的法家式改革，它也不见得能统一欧洲。虽然近现代欧洲各国的国家发展道路有一定的相似性，其内部也有着不同程度上的"自强"和"自衰"倾向。问题是，欧洲那些走在"自衰"道路上的国家其实力并不弱。最为典型的例子就是英国。路易十四发起了集权式的改革，但法国在此后却屡败于英国，并因此促发法国革命。拿破仑横行欧洲时，在世界上处于日不落帝国地位的却是英国。为什么呢？这并不仅仅是因为法国的改革不够彻底。英国的君权虽然在光荣革命后受到了很大的限制，但是因为实行君主立宪制，英国政府的合法性基础却有了很大的提高。因此，一旦英国的统治集团在议会中取得共识，英国国家的财政汲取能力往往会超过法国。其次，近现代欧洲由于种种原因走了一条靠钱打仗的道路。这类战争的弱点在于很容易引起财政危机，但是它却也同时刺激了国家在发展经济方面的兴趣。在资本主义正在兴起的欧洲，这整个过程促进了市场经济的发展和军事生产和技术的飞快提高。从这个意义上来说，法国式的集权道路加强了国家的任意性权力（despotic power）和组织能力（即曼所说的粗放性技术），而英国式的宪政道路则加强了国家对社会的渗透能力（infrastructural power）以及生产和技术创新能力（即曼所说的集约性技术）。[1] 而在工业革命即将来临的欧洲，英国的"自衰"道路显然不比法国的道路要来得不成功一些。这就是为什么欧洲局势的发展反而有朝着英国式的"自衰"道路上靠拢倾向的原因。走了"自衰"道路的近现代欧洲虽然没能统一本土却将其势力范围伸向了整个世界。我们谁敢说欧洲的"自衰"道路减低了它们国家的实力？欧洲的发展显然与春秋战国时代的中国形成鲜明的对比。正是由于当时的中国并不存在一种有效的"自衰"路线可与法家的"自强"改革相抗衡，于是各国只能争相进行法家改革以赢得战争的胜利。

其他

许田波的书中还有着不少次级性弱点。比如，大多数汉学家均强调中国文化的平和性和内敛性，而她却批判了这种观点并强调了中国文化的好战性（Hui，2005：第156—159页）。许田波这里显然忘记了汉学家强调的均是汉代以后中国社会的基本状

1　曼对任意性权力（despotic power）和渗透性权力（infrastructural power），以及粗放性技术（extensive technology）和集约性技术（intensive techonology）都做了精辟的定义（Mann，1986）。

态，而她分析的却是春秋战国时代的中国社会。这完全是两码事。在法国的地缘政治环境这一问题上，许田波想当然地把拿破仑时代的法国和战国时期的秦国相比。其实，法国南有西班牙，西有大英帝国，北有普鲁士，东有奥匈帝国和俄国，是一个典型的四敌之国。它的地缘政治位置更像魏国而不是秦国。

在许田波的书中，她还强调了秦国军队打仗勇敢是因为它们的人民有着言论自由、法律公正权力和经济权力（freedom of expression, right of access to justice, and economic right）(Hui, 2005：第 168—177 页)。[1] 她书中经常用许多现代概念来描述古代现象，读后时常会让人产生触目惊心之感。作者在运用这些概念时出现的诸多不当之处笔者于此不便一一指出。只须说明的是，秦国法家改革的基本方法和"成功"之处就在于"胡萝卜加大棒"的策略，它给臣民的好处与现代意义上的建立在"社会契约"基础上的公民权绝对不能相等同。秦国的法律以刑法为核心，意在控制民众、鼓励打仗勇敢者和严厉整饬即使是很微小的"违法"行为，而不是给民众什么权力（这就是为什么陈胜、吴广会被逼造反的主要原因之一）。即使在秦国和战国时期的其他各国有着一定的"言论自由"，那也是因为思想控制技术在当时的中国尚未被发明出来。这种"自由"决没有法律上的意义。

当然，笔者以上的批评决不意味着要否定许田波的这部著作

1　请注意许田波的书中经常把古代民众称为人民（people）而不是臣民（subjects）。

在西方意义上的学术质量。许田波为了写作该书阅读了大量的文献材料，整本书的微观论证逻辑大多都具有很强的严密性。这些都是现今中国国内的学者很少能够做到因而需要学习的。虽然许田波整本书中的观点和分析思路有失偏颇，但是她的许多具体分析往往相当精辟，读后能给我们不少启发。作为一本开创性的作品，这本书具有它应有的分量。

中文参考文献

主要原始文献

《春秋左传注》，杨伯峻编著，中华书局，第2版，1990年。

《古本竹书纪年辑校》，朱右曾、王国维校补，辽宁教育出版社，1997。

《管子直解》，周瀚光、朱幼文、戴洪才等撰，复旦大学出版社，2000。

《国语》，上海古籍出版社，1984。

《韩非子集解》，王先慎集解，上海商务印书馆，1939。

《汉书》，点校本，中华书局，1962。

《礼记》，《十三经注疏》本，中华书局，1980。

《论语》，《十三经注疏》本，中华书局，1980。

《孟子》，《十三经注疏》本，中华书局，1980。

《墨子集解》，张纯一编著，成都古籍书店，1988。

《商君书译注》，石磊，董昕译注，黑龙江人民出版社，2003。

《尚书》，《十三经注疏》本，中华书局，1980。

《史记》，点校本，中华书局，1959。

《诗经译注》，程俊英译注，上海古籍出版社，1985。

《孙膑兵法》，收入《〈武经七书〉鉴赏》，军事科学出版社，2002。

《孙子兵法》，收入《〈武经七书〉鉴赏》，军事科学出版社，2002。

《荀子集解》，王先谦撰，沈啸寰、王星贤点校，中华书局，1988。

《仪礼》，《十三经注疏》本，中华书局，1980。

《逸周书汇注集校》，黄怀信等撰，上海古籍出版社，1995。

《战国策》，上海古籍出版社，1985。

《周礼》，《十三经注疏》本，中华书局，1980。

《庄子集解》，郭庆藩撰，王孝鱼点校，中华书局，1961。

参考文献

白寿彝、高敏、安作璋、廖德清、施丁主编：《中国通史》第 4 卷（上），上海人民出版社，1995。

晁福林：《霸权迭兴》，生活·读书·新知三联书店，1992。

董说：《七国考》，中华书局，1998。

傅仲侠等：《中国军事史》，解放军出版社，1985。

顾德融、朱胜龙：《春秋史》，上海人民出版社，2001。

郭沫若：《郭沫若全集》第 1 卷，人民出版社，1982。

何怀宏：《世袭社会及其解体：中国历史上的春秋时代》，生活·读书·新知三联书店，1996。

何兹全主编：《中国通史》第 7 卷，上海人民出版社，1995。

黄朴民：《春秋军事史》，军事科学出版社，1998。

翦伯赞：《中国史纲要》，人民出版社，1979。

金观涛：《在历史的表象背后》，四川人民出版社，1985。

李孟存、李尚师：《晋国史》，山西古籍出版社，1999。

李玉洁：《楚国史》，河南大学出版社，2002。

林剑鸣：《秦史稿》，上海人民出版社，1981。

吕文郁：《吕文郁集》，中国社会科学出版社，1998。

吕振羽：《春秋战国文化集》，上海人民出版社，2001。

沈长云等：《赵国史稿》，中华书局，2000。

谭其骧："晋永嘉乱后之民族关系"，《燕京学报》，第 15 卷（1），1934。

谭其骧（主编）：《中国历史地图集》第一册，中国地图出版社，1982。

王琦："吴中近年之盛"，《寓圃杂记》第 1 卷（5），中华书局，1984。

王毓铨主编：《中国通史》第 15 卷，上海人民出版社，1995。

徐连成："春秋五霸"，《中国历史大辞典》先秦史卷，上海辞书出版社，1996。

杨宽：《战国史》，上海人民出版社，1998。

张海鹏、张海瀛：《中国十大商帮》，黄山书社，1993。

赵鼎新：《社会与政治运动讲义》，社会科学文献出版社，2005。

周谷城：《中国通史》，上海人民出版社，1999。

英文参考文献

Anderson, Benedict. *Imagined Communities*. London: Verso. 1991.

Anderson, Perry. *Lineages of the Absolutist State*. London: Verso. 1974.

Artzrouni, M. and J. Komlos. "The Formation of the European State System: A Spatial 'Predatory' Model." *Historical Methods* 29: 126-34. 1996.

Barbera, Henry. 1998. *The Military Factor in Social Change*. New Brunswick: Transaction Publishers.

Beeler, John. *Warfare in Feudal Europe: 730-1200*. Ithaca: Cornell University Press. 1971.

Boserup, Ester. *Population and Technological Change: A Study of Long-Term Trends*. Chicago: University of Chicago Press. 1981.

Chirot, Daniel. "The Rise of the West." *American Sociological Review* 50: 181-95. 1985.

Collins, Randall. "Long-tern Social Change and the Territorial Power of States." *Research in Social Movements, Conflcits, and Change* 1: 1-34. 1978.

Collins, Randall. *Weberian Sociological Theory*. New York: Cambridge University Press. 1986.

Crawn, Alan David. "Tidings and Instructions: How News Traveled in the Ancient Near East. " *Journal of the Economic and Social History of the Orient,* 17. 1974.

Creel, Herrlee G. *The Origins of Statecraft in China, Vol. 1: The Western Chou Empire*. Chicago: The University of Chicago Press. 1970.

Deutsch, Karl. 1966. *Nationalism and Social Communication*. Boston: MIT Press.

Downing, Brian M. *Military Revolution and Political Change: Origins of Democracy and Autocracy in Early Modern Europe*. Princeton, NJ: Princeton University Press. 1992.

Dubs, Homer H. *The History of the Former Han Dynasty* by Pan Ku. A Critical Translation with Annotations by Homer H. Dubs, with the Collaboration of Jen T'ai and P'an Lochi. Baltimore : Waverly Press, Inc. 1938-1955.

Elvin, Mark. *The Pattern of the Chinese Past.* Stanford: Stanford University Press. 1973.

Eisenstadt, S. N. *The Origins and Diversity of Axial Age Civilizations.* Albany: State University of New York Press. 1986.

Elias, Norbert. *The Civilizing Process.* Oxford: Blackwell. 1994.

Engels, Donald W. *Alexander the Great and the Logistics of the Macedonian Army.* Berkeley: University of California Press. 1978.

Ertman, Thomas. *Birth of the Leviathan: Building States and Regimes in Medieval and Early Modern Europe.* Cambridge: Cambridge University Press. 1997.

Fairbank, John King and Merle Goldman. *China: A New History.* Cambridge: The Belknap Press of Harvard University Press. 1998.

Finer, Samuel E. *"State- and Nation-Building in Europe: The Role of the Military."* pp. 84-163, in *The Formation of National States in Western Europe*, edited by Charles Tilly. Princeton: Princeton University Press. 1975.

Finer, Samuel E. *The History of Government from the Earliest Times*, vol.1.Oxford: Oxford University Press. 1997.

Fung, Yu-Lan. *A History of Chinese Philosophy*, vol. 1. Princeton: Princeton University Press. 1952.

Gellner, Ernest. *Nations and Nationalism.* Ithaca: Cornell University Press. 1983.

Gernet, Jacques, with Jean-Paul Vernant. "Social History and the Evolution ofIdeals in China and Greece from the Sixth to the Second Centuries B.C." pp.71-91, in *Myth and Society in Ancient Greece,* edited by Jean-Paul Vernant. London: Methuen. 1980.

Goldstone, Jack A. *Revolution and Rebellion in the Early Modern World.* Berkeley: University of California Press. 1991.

Gould, Roger V. *Collision of Wills: How Ambiguity about Social Rank Breeds Conflict.* Chicago: University of Chicago Press. 2003.

Gorski, Philip S. *The Disciplinary Revolution: Calvinism and the Rise of the State inEarly Modern Europe.* Chicago : University of Chicago Press.2003

Hale, J. R. *War and Society in Renaissance Europe 1450-1620.* Great Britain: Sutton Publishing. 1998.

Hall, John A. *Powers and Liberties.* London: Penguin Books. 1986.

Hegel, Georg Wilhelm Friedrich. *The Philosophy of History.* Translated by J. Sibree. New York: Dover Publications. 1956.

Howard, Michael. *War in European History.* Oxford: Oxford University Press. 1976.

Hsu, Cho-yun. *Ancient China in Transition: An Analysis of Social Mobility, 722-222 B.C.*

Stanford: Stanford University Press. 1965.

Hsu, Cho-yun. "The Spring and Autumn Period." pp. 545-586, in *The Cambridge History of Ancient China*, edited by Michael Loewe and Edward L. Shaughnessy.Cambridge: Cambridge University Press. 1999.

Huang Ray. *1587, A Year of no Significance: The Ming Dynasty in Decline.* New Haven: Yale University Press. 1981.

Huang Ray.*China, A Macro History.* Armonk: M. E. Sharpe. 1997.

Hui, Victoria Tin-bor. "The Emergence and Demise of Nascent Constitutional Rights: Comparing Ancient China and Early Modern Europe." *Journal of Political Philosophy.* 9: 373-403. 2001.

Hui, Victoria Tin-bor. *War and State Formation in Ancient China and Early Modern Europe.* Cambridge: Cambridge University Press. 2005.

Jaspers, Karl. *The Origin and Goal of History.* Translated from the German by Michael Bullock. London: Routledge & K. Paul. 1953.

Keightley, David. "Early Civilization in China: Reflections on How It Became Chinese." pp.15-54, in *Heritage of China: Contemporary Perspectives on Chinese Civilization,* edited by Paul S. Ropp. Berkeley: University of California Press. 1990.

Kiser, Edgar and Yong Cai. "War and Bureaucratization in Qin China: Exploring and Anomalous Case." *American Sociological Review* 68: 511-539. 2003.

Kiser, Edgar and Yong Cai. "Early Chinese Bureaucratization in Comparative Perspective." *American Sociological Review* 69: 608-612. 2004.

Landels, John Gary. *Engineering in the Ancient World.* London: Chatto & Windus. 1980.

Levenson, Joseph R. *Confucian China and Its Modern Fate:* A Trilogy. Berkeley: University of California Press. 1965.

Levi, Margaret. *Of Rule and Revenue.* Berkeley: University of California Press. 1988.

Lewis, Mark Edward. *Sanctioned Violence in Early China.* Albany: State University of New York Press. 1990.

Li, Dun J. *The Essence of Chinese Civilization.* New York: Van Nostrand Reinhold Company; ch.1 and ch.2: pp.23-29. 1967.

Mann, Michael. *The Sources of Social Power, vol.1: A History of Power from the Beginning to A.D. 1760.* Cambridge: Cambridge University Press. 1986.

Mann, Michael. 1988. *State, Wars and Capitalism: Studies in Political Sociology.* Oxford: Basil Blackwell. 1988.

Mann, Michael. 1993. *The Sources of Social Power, vol.2: The Rise of Classes and Nation-states, 1760-1914.* Cambridge: Cambridge University Press. 1993.

Marx, Karl. "Preface to a Critique of Political Economy." pp.388-391, in *Karl Marx, Selected Writings,* edited by David McLellan. Oxford: Oxford University Press. 1985.

McNeill, William H. *Plagues and Peoples.* New York: Anchor Books. 1977.

McNeill, William H. *The Pursuit of Power: Technology, Armed Forces, and Society since A.D.1000.* Chicago: The University of Chicago Press. 1982.

Moore, Barrington. *Social Origins of Dictatorship and Democracy.* Boston: Beacon Press. 1966.

Mote, Frederick W. *Intellectual Foundations of China.* 2nd ed. New York: McGraw-Hill. 1989.

Mote, Frederick W. *Imperial China: 900-1800.* Cambridge: Harvard University Press. 1999.

Naquin, Susan. *Shantung Rebellion: The Wang Lun Uprising of 1774.* New Haven: Yale University Press, pp.1-75. 1981.

Poggi, Gianfranco. *The State, Its Nature, Development and Prospectus.* Oxford: Polity.

Pomeranz, Kenneth. 2000. *The Great Divergence: Europe, China, and the Making of the Modern World Economy.* Princeton, NJ.: Princeton University Press. 1990.

Puett, Michael J. *The Ambivalence of Creation: Debates Concerning Innovation and Artifice in Early China.* Stanford: Stanford University Press. 2001.

Rokkan, Stein. "Dimensions of State formation and Nation-Building: A Possible Paradigm for Research on Variations within Europe." pp. 562-600, in *The Formation of National States in Western Europe,* edited by Charles Tilly. Princeton: Princeton University Press. 1975.

Sahlins, Marshall. *The Use and Abuse of Biology: An Anthropological Critique of Sociobiology.* Ann Arbor: The University of Michigan Press. 1977.

Schmidt, Alfred. *The Concept of Nature in Marx.* London: NLB. 1971.

Shaughnessy, Edward L. "Western Zhou History", pp. 292-351, in *The Cambridge History of Ancient China,* edited by Michael Loewe and Edward L. Shaughnessy. Cambridge: Cambridge University Press. 1999.

Skinner, G. William. "Marketing and Social Structure in Rural China." *Journal of Asian Studies.* 24: 3-43. 1964.

Skinner, G. William. "Cities and the Hierarchy of Local Systems." pp.275-352, in *The City in Late Imperial China,* edited by G. William Skinner. Stanford: Stanford University Press. 1977.

Tilly, Charles, ed. *The Formation of National States in Western Europe.* Princeton: Princeton University Press. 1975.

Tilly, Charles. *Coercion, Capital, and European States, AD 990-1992*. Cambridge: Mass.: Basil Blackwell. 1992.

Tsou, Tang. "The Tiananmen Tragedy: The State-Society Relationship, Choices, and Mechanisms in Historical Perspective." pp.265-327 in *Contemporary ChinesePolitics in Historical Perspective*, edited by Brantly Womack. Cambridge:Cambridge UniversityPress. 1991.

Tu, Wei-Ming. *Confucian Thought: Selfhood as Creative Transformation*. Albany: State University of New York Press. 1985.

Weber, Max. *The Religion of China: Confucianism and Taoism*. Glencoe, ILL.: Free Press. 1951.

Weber, Max. *The Protestant Ethic and the Spirit of Capitalism*. New York: Charles Scribner's and Sons. 1958.

Wallerstein, Immanuel. *The Capitalist World-Economy*. Cambridge: Cambridge University Press. 1979.

Wittfogel, Karl A. *Oriental Despotism: A Comparative Study of Total Power*. New Haven: Yale University Press. 1957.

Power of Tiananmen: State-societies Relations and the 1989 Beijing Student Movement. Chicago: University of Chicago Press. 2001.

Zhao, Dingxin. "Spurious Causation in a Historical Process: War and Bureaucratization in Early China." *American Sociological Review* 69: 603-607. 2004.

Zhou, Yiqun. *Kin and Companions: Gender and Sociability in Ancient China and Greece*. Ph.D. Dissertation, the University of Chicago. 2004.

图书在版编目（CIP）数据

东周战争与儒法国家的诞生 / 赵鼎新著；夏江旗译.
-- 北京：北京联合出版公司，2020.8（2024.12 重印）
ISBN 978-7-5596-4225-7

Ⅰ.①东… Ⅱ.①赵… ②夏… Ⅲ.①中国历史－研
究－春秋战国时代Ⅳ.① K225.07

中国版本图书馆 CIP 数据核字 (2020) 第 080346 号

东周战争与儒法国家的诞生

作　　者：赵鼎新

译　　者：夏江旗

出 品 人：赵红仕

责任编辑：肖　桓

特约编辑：胡晓镜

封面设计：COMPUS · 汐和

内文制作：燕　红

北京联合出版公司出版
（北京市西城区德外大街 83 号楼 9 层　100088）
北京启航东方印刷有限公司印刷　新华书店经销
字数 200 千字　880 毫米 ×1240 毫米　1/32　8 印张
2020 年 8 月第 1 版　2024 年 12 月第 3 次印刷
ISBN 978-7-5596-4225-7
定价：58.00 元